D1653560

# Du bist
# *fantastisch!*

INSPIRIERENDES KINDERBUCH AB 6 JAHREN
ÜBER SELBSTVERTRAUEN, ACHTSAMKEIT
UND FREUNDSCHAFT

- MIT AUSMALBILDERN ZUM AUSDRUCKEN -

SOPHIE LINDE

Du bist fantastisch!



Herausgeber: Sophie Linde c/o Nina Südkamp, Michaelkirchplatz 1, 10179 Berlin

Kontakt: suesssauer.kinderbuecher@gmail.com

Autor: Sophie Linde

Illustrationen: Amy Sulistya

Umschlaggestaltung und Buchsatz: Dagmara Baer

Lektorat, Korrektorat: Nina Südkamp

Vertrieb Hardcover: Neopubli GmbH

ISBN: 9783753119915



Bibliografische Informationen der Deutschen Nationalbibliothek:

Die Deutsche Nationalbibliothek verzeichnet diese Publikation in der Deutschen Nationalbibliografie; detaillierte bibliografische Daten sind im Internet über http://dnb.d-nb.de abrufbar.

# INHALT

# Vorwort

## Liebe Weltentdeckerin, lieber Alltagsabenteurer!

Du willst wissen, was das für ein Buch ist, das du in den Händen hältst? Super, du bist also neugierig! Um Neugier soll es auch in diesem Buch gehen - aber auch um Angst. Um großen Mut - aber auch um den Mut, sich Hilfe zu suchen. Um Freundschaft - aber auch um Streitereien. Viele dieser Gefühle und Situationen kommen dir bestimmt bekannt vor. Vielleicht hast du auch schon einmal erlebt, dass jemand geärgert wurde und du nicht so recht wusstest, was du machen sollst? Vielleicht hattest du auch schon vor etwas Angst, bevor du gemerkt hast, dass die Angst davor eigentlich schlimmer ist als die Sache selbst? Oder hast du womöglich auch schon einmal ein UFO im Garten gesichtet?

In diesem Buch erleben die Kinder zum Teil ungewöhnliche, zum Teil auch ganz alltägliche Abenteuer und lernen dabei, auf ihre Gefühle zu hören. Im Alltag vergessen wir nämlich oft, dass die Antwort auf viele Fragen und Probleme bereits in uns liegt. Wir müssen uns nur trauen, uns selbst zu vertrauen.

Wenn du also in einer Situation bist, in der du gerade nicht weiter weißt, versuche einmal, in dich hineinzuhören: Vielleicht kannst du hinter der tobenden Stimme der Wut die leise Stimme der Traurigkeit hören? Oder vielleicht schaffst du es, den großen Angstberg in dir zu bewegen und findest darunter deinen Mut, der nur darauf gewartet hatte, entdeckt zu werden?

Aber auch wenn du einmal so verwirrt oder unsicher bist, dass alles In-Dich-Hineinhören nicht hilft: Macht nichts! Denn das Gute ist ja:

Du kannst gar nichts falsch machen.

Egal wie du dich entscheidest oder was du tust – du machst eine Erfahrung, aus der du lernen kannst. Wenn sich herausstellt, dass eine andere Entscheidung sinnvoller oder ein anderes Verhalten besser gewesen wäre, dann weißt du beim nächsten Mal, was du anders machen solltest – so wie du vielleicht irgendwann durch eine Unachtsamkeit die Finger verbrannt und dabei gelernt hast, dass du heiße Herdplatten besser in Ruhe lässt. Denn so blöd es auch klingen mag: Aus Fehlern lernt man eben wirklich. Und weißt du was? Nicht nur du weißt manchmal nicht weiter. Nicht nur du weißt manchmal nicht, wo sich denn nun bitte wieder der Mut versteckt hat oder was die Riesenwut dir eigentlich sagen will. Auch (oder vielleicht sogar: gerade!) Erwachsene vergessen manchmal, auf ihre innere Stimme zu hören.

Zum Glück gibt es ja fast täglich Momente, in denen man das üben kann – ganz egal wie alt man ist. Klar: Laufen, Fahrradfahren, Lesen und Schreiben lernt man nur einmal im Leben; jedoch sich selbst zu erforschen und aus den eigenen Erfahrungen zu lernen, damit hört man – wenn man offen dafür bleibt und sich seine Neugier bewahrt – nie auf.

In diesem Buch geht es um Kinder, die genau das machen. Ich möchte dir ihre Geschichten erzählen: Wie sie neugierig ihre eigene und auch fremde Welten entdecken und dabei geradezu magische Dinge erleben; wie sie sich in schwierigen Situationen behaupten können; wie sie auf Schatzsuche in sich selbst gehen und dabei die größten Schätze finden, die es überhaupt gibt: Gefühle wie Liebe, Mut und Mitgefühl.

Manchmal liegen diese Schätze vergraben und manchmal müssen sie wie Rohdiamanten noch geschliffen und bearbeitet werden – aber sie sind immer da: in der zurückhaltenden Lilo, im temperamentvollen Fynn, ... – und natürlich auch in dir! Vielleicht hast auch du Lust auf eine Schatzsuche?

„Falls du glaubst,

dass du zu klein bist, um

**ETWAS ZU BEWIRKEN,**

dann versuche mal zu schlafen, wenn

eine Mücke im Raum ist."

-Dalai Lama-

# Lilos Mutausbruch

Lilo klappte ihr Buch zu und starrte gedankenverloren aus dem Fenster. Die Sonne stand inzwischen bereits tief am Himmel. Die Geschichte, die sie gelesen hatte, war so spannend gewesen, dass sie darüber völlig die Zeit vergessen hatte.

Lilo liebte es, in die Welt von Helden und Abenteurern einzutauchen, die Monster und Diebe überlisteten. Trotzdem störte es sie, dass ihre Lieblings-Abenteuergeschichten meistens von mutigen Jungen handelten. Wenn Mädchen darin vorkamen, waren sie besonders stark und wild. Scheinbar musste man, um Abenteuer zu erleben, besonders mutig sein. Oder besonders stark. Oder wenigstens besonders ... besonders.

Ihr Blick fiel auf die Fensterscheibe, die ihr Gesicht und ihre dunkelblonden Haare spiegelte. Wenn sie wenigstens wilde Locken oder knallrote Haare hätte! An Lilo war nichts auffallend. Sie war mittelgroß, mittelschlank und – wie sie dachte – wenn überhaupt auch nur mittelmutig. Jeder, dem sie stolz ihr neues Klassenfoto zeigte, bemerkte zuerst die Grimassen von Fred, dem Klassenclown oder die langen Beine von Ida, die einen Kopf größer war als alle anderen Kinder der Klasse.

Lilo stand auf dem Bild ganz hinten und verschwand hinter Julias Lockenmähne. Auch im Unterricht blieb sie eher im Hintergrund. Sie war nicht unbeliebt, schon seit der ersten Klasse waren Anna, Yasemin und Coco ihre besten Freundinnen. Lilo war einfach nicht gerne im Mittelpunkt.

Und trotzdem malte sie sich fast jeden Tag aus, wie es wäre, einmal mutig zu sein. Ob sie dazu jemals die Chance bekommen würde?

Missmutig krabbelte Lilo aus ihrer Lesehöhle und zog sich Schuhe an.

„Ich geh´ noch kurz zu Yasemin", rief sie ihrer Mutter zu, die in der Küche das Abendessen vorbereitete.

„Okay, aber bald gibt's Essen. Wenn die Straßenlaternen angehen, kommst du bitte nach Hause."

Als Lilo vor die Haustür trat, landeten dicke Regentropfen auf ihrem Gesicht und ein starker Wind pfiff ihr um die Ohren. Sie wischte sich ein paar Regentropfen aus dem Gesicht und begann loszulaufen. Vorbei an dem Spielplatz, wo sie oft nach der Schule mit Anna, Yasemin und Coco ein paar Runden schaukelte. Vorbei an dem kleinen Spielwarenladen, wo sie oft einfach stöberte, ohne etwas zu kaufen ... Doch was war das?

Auf der gegenüberliegenden Straßenseite, direkt neben dem kleinen türkischen Supermarkt von Berats Vater, war ein Gerangel im Gange. Lilo kniff die Augen zusammen und beobachtete durch den Regen, wie Berat von zwei älteren Jungs bedrängt und ausgelacht wurde. Berat war in der Schule eine Klasse über Lilo. Sie hatte zwar nicht viel mit ihm zu tun, aber seit er einmal ihren geliebten Glücksbringer-Schlüsselanhänger auf dem Flur gefunden und ihr zurückgebracht hatte, grüßten sie sich auf den Schulfluren immer lächelnd. Berat war mit seiner Familie erst vor einem Jahr nach Deutschland gekommen.

Lilo hatte sich gefreut, als die langweilige Autowerkstatt zugemacht hatte und zu dem kleinen türkischen Supermarkt umgebaut worden war. Hier gab es leckere Süßigkeiten, die sie sonst noch nie gesehen hatte. Manchmal ging sie nach der Schule mit Anna, Coco und Yasemin einen kleinen Umweg, nur um einen Abstecher in diesen Supermarkt zu machen. Berats Eltern schenkten den Kindern nämlich meistens eine Kleinigkeit zum Probieren.

„Was hast'n da Leckeres?“, hörte Lilo die

spöttische Stimme des größeren Jungen, der Berat kurz darauf die Tüte aus der Hand riss. „Gebe mir ... Ist für meine Familie ...“, stammelte Berat.

„Lern erst mal Deutsch“, spottete der Große, der fast zwei Köpfe größer war als Berat.

Wie gemein! Lilo wurde wütend. Sie wusste, dass Berat und seine Geschwister abends im Laden ihrer Eltern oft eine große Tüte mit übrig gebliebenen Backwaren oder unverkauftem Obst und Gemüse mitbekamen, was die Kinder meist am nächsten Tag in die Schule mitnahmen. Nur was konnte sie tun, um Berat zu helfen? Der Größere hatte inzwischen schon in die Tüte gegriffen und sich etwas herausgeholt.

„Hmm, lecker. Na, backen könnt ihr immerhin“, spottete er.

Lilo blickte sich um. Sie musste etwas unternehmen! Das war ihre Chance, mutig zu sein!

In diesem Moment öffnete sich die Tür eines Hauses auf ihrer Straßenseite und ein älterer Mann mit grauem Vollbart und Gehstock betrat die Straße. Ohne zu zögern, lief Lilo zu ihm hin. Die Worte sprudelten nur so aus ihr heraus:

„Da drüben ... Da sind zwei Jungs, die beleidigen Berat, den Jungen von dem Supermarkt. Können Sie mir helfen?“

Der Mann grummelte mit tiefer Stimme: „Na, aber sicher junge Frau! Denen werden wir etwas erzählen!“

Lilo freute sich über die Unterstützung. Trotzdem zitterten ihr die Knie bei dem Gedanken, den beiden großen Jungs „etwas zu erzählen“, wie der alte Mann angekündigt hatte.

Vor dem Supermarkt versuchte Berat inzwischen, seine Tüte zurückzubekommen, während der Große ihn dafür verspottete und sie fest in der Hand hielt.

Berat stand mit dem Rücken zur Hauswand und die beiden Jugendlichen hatten sich vor ihm aufgebaut. Plötzlich hörte Lilo die Stimme des alten Mannes direkt hinter sich:

„Wenn wir jetzt rüber gehen, können wir die beiden überraschen!“, brummte er in seinen grauen Rauschebart und spazierte los.

Lilo hörte, wie das energische Klacken seines Gehstocks zunehmend im Regenrauschen unterging. Schnell schnappte sie sich ihren Schirm und machte sich ebenfalls auf den Weg, schließlich konnte sie ihn unmöglich allein lassen!

Die Jugendlichen standen mit dem Rücken zur Straße und bemerkten sie gar nicht. Nur Berat entwich ein Lächeln, als er sie sah.

„Was grinst'n so blöd?!", fuhr ihn der Größere an. Der alte Mann setzte seinen Stock auf dessen Rücken.

Lilo fiel ihr Schirm ein, den sie noch in der Hand hielt und sie richtete dessen Spitze auf den Rücken des Kleineren. Die beiden Jugendlichen zuckten erschrocken zusammen.

Noch bevor sie reagieren konnten, ertönte die tiefe Stimme des Alten:

„So, mein Herr. Der junge Mann da hat gerade mehr Grund zu lachen als du. Der hat nämlich nichts gemacht im Gegensatz zu euch beiden. Ihr solltet euch schämen!"

Der Größere stammelte: „Ähm, aber Berat wollte uns unser Essen klauen!“

Jetzt kam Lilo ins Spiel! Mit dem Schirm tippte sie den Kleineren an und fragte mit zittrigen Knien:

„Und was hast du dazu zu sagen? Zufälligerweise hab ich nämlich etwas anderes beobachtet.“

Die Jugendlichen drehten sich langsam um und schauten verlegen zu Boden.

„Ähm ja. Ach so. Tschuldigung dann ...“, nuschelte der Kleinere.

Mutig hakte Lilo nach: „Was hast du gesagt? Ich glaube, Berat hat dich noch nicht verstanden!“

„Ja, der kann ja auch kein Deutsch“ zischte der Größere gehässig von der Seite.

„Oh, Berats Deutsch ist um einiges besser als dein Verhalten“, entgegnete Lilo schlagfertig.

„Ist ja gut jetzt ... Können wir gehen?“, druckste der Kleinere, der sich sichtlich unwohl fühlte und immer Lilos Schirm im Auge behielt.

„Mooomentchen, nicht so schnell die Herren!“, brummte die Stimme des alten Mannes. „Gleich platzt mir hier die Hutschnur!“

Lilo musste kichern. Der alte Mann fuhr fort: „Zuerst möchte ich von euch beiden eine ordentliche Entschuldigung hören und ein Versprechen, dass ihr Berat und alle anderen Kinder in Zukunft in Ruhe lasst!“

„Jaja, schon gut. Tschuldigung Berat.“, stammelte der Größere und gab Berat die Tüte zurück.

Auch der Kleinere ergänzte: „Ja, wir machen nix mehr, versprochen.“

Berat hielt mit einer Hand seine Tüte fest umklammert und streckte die andere versöhnlich den Jugendlichen entgegen.

„Na los“, drängelte Lilo.

Zähneknirschend reichten die beiden Berat die Hand und verschwanden dann so schnell sie konnten um die nächste Straßenecke.

Berat bedankte sich überschwänglich bei den beiden, bat sie kurz zu warten und verschwand im Laden. Kurz darauf kam er mit zwei großen Tüten voller Leckereien heraus.

„Für euch!“ Lilo freute sich. So konnte sie ihrer Mutter noch einen Nachtisch mitbringen.

Als sie durch die langsam dämmrig werdenden Straßen nach Hause lief, fiel ihr plötzlich auf, dass sie gerade mindestens genauso mutig gewesen war, wie der Junge in der Geschichte, die sie heute gelesen hatte.

„Ich glaube, jeder Mensch kann mutig sein“, dachte sie lächelnd, während über ihr die Straßenlaternen erleuchteten.

„Gehe hundert Schritte in den Schuhen eines anderen, wenn du ihn **VERSTEHEN** willst."

- indianisches Sprichwort -

# In den Schuhen einer Anderen

Violas schrilles Lachen hörte man über den ganzen Gang. Es hatte gerade zur Pause geläutet und aus allen Klassenräumen strömten die Schüler. Ich war wieder eine der letzten im Klassenraum. Für meinen Geschmack waren die Pausen sowieso zu lang und so nutzte ich jede Gelegenheit, sie irgendwie zu verkürzen, ohne alleine auf dem Schulhof stehen zu müssen.

Ich war erst vor ein paar Monaten hergezogen, als meine Eltern sich getrennt hatten. Wirkliche Probleme hatte ich auf der neuen Schule nicht – wirkliche Freunde allerdings auch nicht. Mit Laura aus meiner Klasse verstand ich mich ganz gut, seit wir vor ein paar Wochen ein Referat zusammen vorbereitet hatten. Im Unterricht saß Laura neben mir und wir schoben uns ab und zu kleine Briefchen zu.

Auch so manche Pausen hatten wir zusammen verbracht – allerdings ging Laura auch oft zu ihrer großen Schwester Nele. Am Anfang war ich einige Male mitgekommen, bis ich dann mitbekommen hatte, wie die anderen Kinder aus meiner Klasse über Nele und über alle, die mit ihr Zeit verbrachten, lästerten. Arif hatte mich gefragt, ob ich da etwa auch dazu gehörte.

Natürlich wollte ich vor Arif und den anderen nicht blöd dastehen, also hatte ich geantwortet: „Mit der? Quatsch!"

Seitdem verbrachte ich die Pausen lieber auf der Toilette oder im Klassenraum, als Laura erklären zu müssen, warum ich nicht mit zu Nele kommen wollte. Immerhin fragten Arif und seine Freunde mich seitdem manchmal, ob ich mit ihnen Tischtennis spielen wollte.

Trotzdem gab es täglich diese Momente, in denen ich mich am liebsten unsichtbar machen wollte. Viola ging in meine Klasse und kannte Nele noch von früher, weil sie letztes Jahr sitzen geblieben war. Immer wenn sie Nele in den Gängen der Schule sah, lachte sie mit ihren Freundinnen über Neles Kleidungsstil und darüber, dass Nele wohl Mädchen mochte.

So auch jetzt wieder. Eigentlich sollte ich etwas sagen. Eigentlich sollte ich Viola sagen, dass sie Nele in Ruhe lassen soll. Aber in meiner Klasse war ich immer noch „die Neue", die sich noch beweisen musste. Inzwischen hatte die anfängliche Neugier meiner Mitschüler nachgelassen und niemand beachtete mich mehr, außer ich wurde mit Nele gesehen: Dann lachten sie mich aus.

Oder ich grinste beim Tischtennis über Arifs Sprüche: Dann fanden sie mich cool.

Ich verdrückte mich schnell auf die Toilette und hoffte, dass die Gänge leer waren, wenn ich zurückkam. Ausgerechnet an diesem Tag fragte Laura mich nach der Schule, ob ich nicht Lust hätte, sie nachmittags zu besuchen. Wahrscheinlich war ihr aufgefallen, dass ich mich in letzter Zeit zurückgezogen hatte. Dass sie sich trotzdem mit mir treffen wollte, freute mich natürlich. Zugleich bereitete das schlechte Gewissen und die Angst, von Arif, Viola oder den anderen dafür ausgelacht zu werden, mir Bauchschmerzen. Zögerlich sagte ich zu.

Als ich bei Laura zu Hause ankam, wurde ich von ihrer Mutter freundlich empfangen. Zu meinem Glück war Nele gerade beim Volleyball, sodass mir diese unangenehme Begegnung erspart blieb.

„Wo treibst du dich denn in letzter Zeit immer in den Pausen rum?“, fragte Laura mich irgendwann.

„Oh ähm, was meinst du? Arif hat mich letztens mal gefragt, ob ich Tischtennis mitspielen will.

Hab ich halt gemacht, ich hab ja außer dir kaum Freunde ...“

„Ausgerechnet Arif.“ Laura verdrehte die Augen, aber verlor den Rest des Nachmittags kein Wort mehr über die Pausen, ihre Schwester oder mein Verhalten. Stattdessen zeigte sie mir ihren neuen bunten Kinderschminkkasten. Wir schminkten uns in den grellsten Farben, die der Kasten zu bieten hatte, und suchten die verrücktesten Kleidungsstücke aus Lauras Schrank aus, um uns zu verkleiden. Im Schuhschrank im Flur fanden wir noch ein Paar ziemlich hoher Stöckelschuhe und ein Paar riesiger Herrenschuhe, die wir mit in Lauras Zimmer nahmen.

Laura zog ihr blaues Lieblingskleid an. Kombinierte es mit einer bunt-karierten Weste, setzte eine pinke Wollmütze auf und schlüpfte in die riesigen Männerschuhe.

„Steht dir! Solltest du öfter tragen“ ,kicherte ich, während ich ihre alte Latzhose anzog, mit der ich noch ein Katzen-Schlafanzugoberteil kombinierte.

„Dazu noch die hübschen Schuhe und ´ne Augenklappe, fertig ist dein perfektes Outfit!“, grinste Laura.

Als ich die Schuhe anzog, spürte ich plötzlich, wie sich in mir etwas veränderte.

„Das sind übrigens Neles Schuhe“, hörte ich Laura noch erzählen, während ich bemerkte, wie eine tiefe Traurigkeit in mir aufstieg. Ich hatte doch gar keinen Grund, traurig zu sein? Als ich mich im Spiegel betrachtete, spürte ich etwas noch Seltsameres: Die Traurigkeit vermischte sich mit einem leichten Anflug von Wut. Böse starrte ich mich im Spiegel an.

„Was ist denn mit dir los, gefällt’s dir nicht?“, fragte Laura erschrocken.

„Doch, doch“, antwortete ich schnell und wendete den Blick ab. Als ich den fragenden Blick von Laura sah, bemerkte ich noch ein neues Gefühl, das ich so gar nicht kannte. Es war eine Art von Liebe, die sich anfühlte wie die, wenn Mama oder Papa mich umarmten. Als ob Laura meine Schwester wäre ... „Lass uns ein bisschen durchs Haus spazieren“, lachte Laura, die von meinen unerklärlichen Gefühlen nichts ahnen konnte. Also bemühte ich mich, irgendwie auf den hohen Schuhen hinter Laura her in die Küche zu staksen. Mein Blick fiel auf eine Postkarte am Kühlschrank, auf der ein Paar alter Lederschuhe abgebildet war:

„Urteile nie über einen Menschen, bevor du nicht einen Tag in seinen Schuhen gelaufen bist - Weisheit der Sioux Indianer“ stand darauf.

Plötzlich hatte ich eine Ahnung, was gerade passiert sein musste. Ich trug doch Neles Schuhe! Vielleicht hatte ich dadurch irgendwie auch ihre Gefühle übernommen. Um meine Idee zu überprüfen, zog ich noch in der Küche die Schuhe aus – und alles war beim Alten.

„Du wirst es nicht glauben ...“, begann ich Laura von meinem verrückten Erlebnis zu erzählen. Erst nachdem sie selbst die Schuhe angezogen hatte und ich an ihrem erschrockenen Gesicht bemerkte, dass sich etwas in ihr veränderte, glaubte sie mir diese abenteuerliche Geschichte.

Am nächsten Tag verließ ich das Klassenzimmer nach dem Klingeln zusammen mit Laura. Als wir gerade aus der Tür gehen wollten, spöttelte Viola:

„Na, geht ihr jetzt zu deiner komischen Schwester?“

Nach dem gestrigen Erlebnis war mir noch klarer geworden, dass ich das nicht länger hinnehmen konnte:

„Genau das machen wir. Nur dass Nele nicht komisch ist“, traute ich mich endlich zu erwidern.

„Ach, bist du etwa in sie verliebt? Was für ein Traumpaar!“, lachte Arif.

„Weißt du was? Ich würde tatsächlich lieber mit Nele ausgehen als mit dir. Das heißt aber nicht, dass ich in sie verliebt bin. Ich will einfach mit niemandem Zeit verbringen, der so feige ist, dass er andere mobben muss!“

Nach einem kurzen bösen Blick in die Runde verließen Laura und ich das Klassenzimmer.

„Das war ja stark!“, applaudierte Nele, die scheinbar im Gang auf ihre Schwester gewartet hatte. Jetzt war wohl der Moment gekommen, an dem ich mich bei ihr entschuldigen musste.

„Danke, aber es stimmt ja. Tut mir leid, dass ich nicht früher etwas gesagt habe. Die haben sich echt nicht okay zu dir verhalten und ich auch nicht“, murmelte ich zerknirscht, während ich an das Wutgefühl dachte, das ich gestern bei meinem eigenen Anblick verspürt hatte. Hoffentlich konnte Nele mir überhaupt verzeihen.

„Ach, alles gut.“ Nele nahm mich in den Arm. „Und was du gerade gemacht hast, war wirklich mutig!“

Von diesem Tag an verbrachte ich jede Pause mit Laura, Nele und ihren Freunden. Arif und Viola behandelten uns seitdem zwar wie Luft, aber immerhin ließen sie seitdem Nele in Ruhe. Überraschenderweise waren viele aus meiner Klasse plötzlich viel netter zu mir.

Ein paar hatten sogar zugegeben, dass sie es genauso gesehen hatten, sich nur nicht getraut hatten, etwas zu sagen. Nele versuchte immer wieder herauszufinden, warum ich mein Verhalten plötzlich geändert habe, aber meine einzige Antwort darauf war nur ein vielsagendes Augenzwinkern zu Laura. Nele musste schließlich nicht alles wissen.

„Das **GLÜCK** deines Lebens findet genau in diesem **MOMENT** statt, im **HIER** und **JETZT**."

- unbekannt -

# Der Duft des Herbstes

Mit einem lauten Poltern stürmte Fynn die Treppen herunter. Seine Eltern hatten es inzwischen aufgegeben, ihn darauf hinzuweisen, dass nicht alle Nachbarn von seinem Lärm beglückt werden wollten. Es war schließlich auch immer schnell vorbei. Nach einem kurzen Krach hörte man auch schon die Haustür zuschlagen. Es gab viele Dinge, die Fynn gerne machte – aber am liebsten mochte er Beschäftigungen, die laut oder schnell waren. Kaum verwunderlich also, dass Fahrradfahren und Schlagzeugspielen zu seinen Lieblingstätigkeiten zählten.

Da seine Eltern ihm noch kein eigenes Schlagzeug erlaubten – was sollten denn die Nachbarn denken? – ging er zweimal pro Woche in die Musikschule. Dort gab es Proberäume, in denen sich niemand über Lärm beschwerte. Anfangs hatte Fynn es einfach genossen, wie in einem Cockpit hinter dem großen Instrument zu sitzen und mit aller Kraft auf die großen Trommeln und Becken zu schlagen. Seine Musiklehrerin Lou hatte ihn am Anfang einfach machen lassen.

„Das Instrument erkunden", nannte sie das, wenn Fynn die Schlägel schwang und sie sich die Ohren zuhielt. Fynn hatte noch nie jemanden wie Lou kennengelernt.

Bei ihr hatte er das Gefühl, nichts falsch machen zu können. Lou hatte ihn so lange „das Instrument erkunden" lassen, bis er irgendwann selbst gemerkt hatte, dass es viel mehr Spaß machte, einen Rhythmus zu trommeln. Dann hatte Lou gelächelt und ihm ein paar Rhythmen gezeigt, die einfach waren und auch noch richtig gut klangen. Seitdem hatte sie sich auch nie mehr die Ohren zugehalten und Fynn hatte seinen Spaß am Schlagzeugspielen entdeckt.

In den letzten Wochen hatte Fynn einen Vertretungslehrer gehabt. Sein Name war Ernst – und der Name war Programm. Immer und immer wieder hatte Fynn den gleichen Rhythmus üben müssen.

Wenn er einen Fehler getrommelt hatte, hatte Ernst nur geseufzt. Fynn vermisste Lous verrückte Art. Sie hatte immer einen lustigen Spruch auf den Lippen gehabt. Lou sagte Dinge, die sonst kein Erwachsener sagte. Dinge wie: „Lieber laut und falsch als leise und richtig!"

Aber auch äußerlich war Lou anders als jeder Erwachsene, den Fynn kannte. Sie war groß und kräftig, ihre Haare waren in bunten Dreadlocks verfilzt und in wilde Frisuren geschwungen. Ihre alten Jeanshosen waren zerrissen und ihre Oberteile waren mindestens genauso bunt wie ihre Haare und oftmals so zerknittert, dass Fynn sich heimlich fragte, ob Lou überhaupt einen Kleiderschrank besaß.

Genauso auffallend wie ihr Aussehen war ihr Lachen. Lou hatte ein schallendes, schmetterndes Lachen, das Fynn jedes Mal ansteckte. Manchmal hatten die beiden wegen einer Kleinigkeit so sehr zu lachen begonnen, dass sie sich die Bäuche halten mussten und am Ende niemand mehr wusste, worüber sie eigentlich gelacht hatten.

Ob Lou auch jetzt noch so fröhlich sein würde? Nach allem, was sie in der Zwischenzeit erlebt hatte? Fynns Vorfreude vermischte sich mit einem Gefühl der Unsicherheit. Was, wenn plötzlich alles anders war? Was, wenn Lou nicht mehr lachen konnte?

Lou hatte einen schweren Unfall gehabt. Vor einigen Wochen hatte Fynns Mutter einen Anruf erhalten und war dabei ganz blass geworden. Lou war von einem Auto angefahren worden und lag lange im Krankenhaus. Ob sie je wieder sehen können würde, war unklar.

Fynn wischte sich die vor Aufregung schweißnassen Hände an seiner ersten Löcher-Jeans ab. Heute würde er Lou das erste Mal seit dem Unfall wiedersehen.

Fynns Schritte wurden langsamer, als er die Musikschule sah. Dort hatten sie sich verabredet. Was ihn wohl erwarten würde?

Schon von Weitem sah er Lou lässig gegen die Wand gelehnt stehen. Sie trug eine Sonnenbrille und lächelte den warmen Sonnenstrahlen entgegen, die ihr ins Gesicht fielen. Fynn schlenderte zögerlich in ihre Richtung, da hörte er auch schon ihre energische Stimme:

„Heeey Fynn!“ Sie breitete ihre Arme aus.

„Woher wusstest du, dass ich hier bin?“, frage Fynn erstaunt, während ihm ein großer Stein vom Herzen fiel. Lou schien noch die Alte zu sein.

„Na, hast du nicht gemerkt, was du für einen Krach gemacht hast, alter Krachmacher?“, lachte Lou, während sie Fynn fest in ihre Arme schloss.

„Aber ich war doch leise?“, stammelte Fynn

leicht verlegen, als ihm klar wurde, dass Lou womöglich auch seinen zögerlichen Schritt bemerkt haben könnte.

„Tja, Großer, wenn du dich anschleichen willst, musst du dir jetzt schon mehr Mühe geben.“ Lou lachte schallend auf. „Ich kann zwar nichts mehr sehen, aber dafür leisten meine Ohren ganz Erstaunliches. Ich habe dich sogar schon von Weitem kommen hören, seit du da hinten über die Blätter gegangen bist!“ Lou deutete in die Richtung, in der – sicherlich mehr als 50 Meter entfernt – etwas Laub unter dem großen Kastanienbaum lag.

„Wollen wir ne Runde drehen?“ Lou klappte ihren Blindenstock aus, den sie wie einen Zauberstab in ihren Ärmel geschoben hatte. „Wie ein Zauberstab, ne?“, wieder lachte Lou schallend auf und Fynn wurde mulmig zu Mute: Konnte sie jetzt sogar Gedanken lesen?

Lou schwenkte den Stock vor ihren Füßen hin und her, während die beiden durch den kleinen Park vor der Musikschule gingen. Ein paar

Mal machte Lou Fynn auf ein Loch im Boden oder eine Stufe aufmerksam:

„Vorsicht, Stolpergefahr. Ich kenn dich doch, du Tollpatsch“ ,grinste sie dabei.

„Wie machst du das denn? Ist das nicht total schwierig? Brauchst du keine Hilfe?“, brach es schließlich aus Fynn heraus.

„Soll ich es dir zeigen?“, antwortete Lou geheimnisvoll und wickelte sich ihren bunten Schal vom Hals.

„Ja klar!“, antwortete Fynn neugierig, bevor er überhaupt wusste, was sie meinte.

Kurzerhand tastete Lou nach Fynns Kopf und band ihm den Schal um die Augen.

„Und jetzt?“, fragte Fynn etwas unsicher. Ihm war die plötzliche Dunkelheit nicht ganz geheuer.

„Was hörst du jetzt?“ ,fragte Lou zurück.

„Nichts, hier ist’s still!“, antwortete Fynn schnell. Lou stand schweigend neben Fynn und legte ihre Hand auf seine Schulter. Fynn wurde ruhiger. Er verstand, dass er sich jetzt in Lous Welt befand, also wollte er sie auch kennenlernen. „Da hinten raschelt etwas ...“, bemerkte er plötzlich.

„Das sind Spaziergänger, die genauso weit weg sind, wie du vorhin warst, als ich dich gehört habe. Ich gebe es zu: Ich habe nämlich gar keine Superkräfte. Jedenfalls nicht mehr als du. Willst du uns einmal führen?“

Fynn nahm ihren Stock und tastete damit vorsichtig den Boden ab, wie Lou es zuvor getan hatte. Er spürte den weichen Blätterboden und die Unebenheiten der Erde. Zugleich bemerkte er noch etwas. „Riechst du auch etwas?“, wollte er von Lou wissen, die sich bei ihm eingehakt hatte.

„Kommt darauf an, was du meinst. Ich rieche die ganze Zeit etwas“ ,lachte Lou.

„Ja aber ... Das ist mir gar nicht aufgefallen. Ist das Laub?“

„Ja. Der Geruch von frisch gefallenen Blättern ist hier sehr stark. Das ist der Geruch des Herbstes.“

„Den habe ich noch nie gerochen“, entgegnete Fynn überrascht.

„Ja, die meisten Menschen wissen zwar, dass im Frühling Blumen duften, aber dass auch der Herbst einen ganz eigenen Geruch hat, das merkt man erst, wenn man einmal ohne Ablenkung einfach zur Ruhe kommt. Aber Ruhe ist wohl nicht so deins ..." Lous warmherziges Lachen schallte lauter in Fynns Ohren, als er es je wahrgenommen hatte.

Fynn dachte kurz nach und hörte das Vogelzwitschern, das Rauschen der Bäume im Wind und die Stimmen weit entfernter Spaziergänger. Er roch den Duft des Herbstes und spürte die Sonnenstrahlen auf seiner Haut. Plötzlich wusste Fynn:

„Ich glaub, manchmal ist die Ruhe auch ganz schön. Hauptsache, ich kann ab und zu weiter mit dir Schlagzeug spielen."

Fynn spürte Lous Lächeln in ihrer Stimme, als sie sagte:

„Aber klar doch. Ich bringe mir dann aber lieber Ohrenschützer mit."

Fynn und Lou brachen in schallendens Gelächter aus. Die anderen Menschen im Park nahmen das glucksende Lachen der beiden sicherlich kaum wahr.

Doch die waren ohnehin blind für die Gerüche, Geräusche und Gefühle – für all die großen Kleinigkeiten, die Fynns Sichtweise an diesem Tag veränderten.

„Wer nicht **NEUGIERIG** ist, erfährt nichts."

-Johann Wolfgang Goethe-

# Von Plaudertaschen und neuen Welten

Bleibt bitte alle noch sitzen!“, ermahnte Herr Schlacks die Schülerinnen und Schüler der dritten Klassen, die bereits aufgeregt aus dem Busfenster starrten und einen Blick auf ihr neues Zuhause der nächsten Tage erhaschen wollten.

Für alle Kinder war es die erste Klassenfahrt. Dementsprechend schwer fiel es ihnen, ruhig auf den Sitzen zu bleiben und Herrn

Schlacks Ansprache zuzuhören, obwohl es doch direkt vor den Türen des Busses so viel Neues zu entdecken und erkunden gab!

Als sich nach einer gefühlten Ewigkeit endlich die Türen des Busses öffneten, stürmen Irini und Leah als Erste heraus. Die beiden Mädchen waren bereits seit ihrem allerersten Schultag beste Freundinnen. Irini und Leah hatten die Eigenschaft, dass sie – ganz egal wo sie waren – Dinge entdeckten, die sonst keiner wahrzunehmen schien.

Einmal hatten sie auf dem Schulhof sogar ein Drachenei gefunden! Herr Schlacks war sich damals zwar sicher gewesen, dass es sich nur um einen gewöhnlichen Stein handelte, aber der hatte Irinis Drachenei-Bild auch für die Zeichnung eines Ostereis gehalten. Ein Drachenei-Experte war er offensichtlich nicht!

Marek stolperte als Drittes durch die Bustür, dicht gefolgt von Ruan. Marek war einer der größten Jungen in seiner Klasse, allerdings auch einer der Ängstlichsten. Nur mit dem mutigen Ruan an seiner Seite fühlte er sich stark. Ruan war eher ruhig, hatte allerdings schon in einigen Situationen seinen Mut bewiesen.

Einmal hatte er zum Beispiel eine große Spinne mit der Hand aus dem Klassenzimmer getragen, ohne auch nur ein Wort darüber zu verlieren. Marek war dabei hinter ihm gegangen und hatte danach jedem von der Monsterspinne erzählt, die die beiden heldenhaft beseitigt hatten.

Nachdem alle Kinder der drei Klassen ihre Koffer, Rucksäcke und Reisetaschen wiedergefunden hatten, die ersten Tränen über vermisste Kuscheltiere getrocknet und das erste Knie verarztet war, ging es endlich los: Zimmer beziehen.

Irini und Leah hatten ihre Taschen schnell in ihren Schränken verstaut. Zum Auspacken hatten sie jetzt keine Zeit, erst einmal wollten sie die große Herberge erkunden. Der Herbergsvater hatte sie schon begrüßt und ihnen einige Regeln erklärt.

Er hatte erwähnt, dass die alte Herberge einen Dachboden hatte, auf dem sie sich zwar umschauen dürften, es jedoch nichts zu sehen gäbe – aber davon wollten Irini und Leah sich besser selbst überzeugen: Wer weiß, welche Schätze es dort oben gab, die kein Erwachsener erkennen würde!

Auch Marek und Ruan wollten keine Zeit verlieren. Wie die Mädchen war auch Ruan bei dem Wort „Dachboden" hellhörig geworden.

„Den müssen wir uns angucken", hatte er Marek zugeflüstert.

Marek war zwar nicht wohl bei dem Gedanken, sich durch Spinnweben und Staub durchkämpfen zu müssen. Gleichzeitig dachte er an Ruans heldenhafte Spinnen-Beseitigung aus dem Klassenzimmer und an alles, was sie danach womöglich zu berichten haben würden, wenn sie als Erstes den Dachboden erkundeten und willigte schließlich ein.

Zum Dachboden gelangte man über eine alte Holztreppe. Als Marek und Ruan dort ankamen, hörten sie schon das Quietschen der alten Stufen: Sie waren offensichtlich nicht die Einzigen, die auf die Idee gekommen waren. Marek freute sich, dass sie nicht alleine auf dem Dachboden waren.

„Schon etwas gefunden?“, fragte er die Mädchen.

„Nee, wir sind auch gerade erst angekommen“, erklärte Irini.

„Hier sieht es ja nicht gerade spannend aus“, bemerkte Ruan enttäuscht, als er sich in dem großen, leeren Raum umschaute.

„Naja, die besten Schätze sieht man ja auch nicht sofort“, erklärte Irini fachmännisch, während sie begann, hinter ein paar gestapelten Stühlen einen vergessenen Schatz zu suchen.

„Seid still“, zischte Marek plötzlich leise. Überrascht schauten ihn die Kinder an. Doch dann hörten auch sie etwas …

„Na, daff iff ja mal waff. Endlich Beffuch nach ffo vielen Jahren. Ich dachte schon, ich wurde ganz vergeffen. Dabei hab ich noch fffffooooo viel zu ffagen!“

Die Kinder schauten sich mit großen Augen an. Was war das nur für eine Stimme, die sie leise aus der entfernteren Ecke des Raums piepsen hörten?

„Schon ffeit dem ffreiundffreißigfften Oktembruar Neunzehnhunderteinundelfzig konnte ich mich mit niemandem mehr unterhalten! Erwachffene können mich nichtmal hören. Oder ffie ffind ffich einfach zu fein dafür, mir zu antworten. Jedenfallff kam ab und zu jemand zum Fegen hoch – ffo alle drölf Jahre mal – aber mit mir geredet hat niemand ... Dabei bin ich doch eine Plaudertasche!"

Die Kinder waren der Stimme inzwischen gefolgt. Tatsächlich: Unter einem Stuhlstapel lag ein kleines Täschchen. Es bestand aus einem schönen blauen Stoff und hatte bunte Punkte aufgenäht. Die dunkelroten Henkel bewegten sich wie Arme, wenn die piepsige Stimme plapperte. Jetzt waren die Henkel-Arme gerade in die Seite der Tasche gestemmt.

„Wer ... Was ... bist du denn!?" Leah fand als erstes ihre Sprache wieder.

„Na alffo hör mal junge Dame, davon red ich doch die ganze Zeit. Ich bin eine Plaudertasche! Ffag bloff, du hafft ffowaff noch nie geffehen?“, empörte sich die Tasche.

Ihre Öffnung bewegte sich dabei wie ein Mund. Ungläubig schauten die Kinder einander an.

„Na dann wirdff aber auch allerhöchffte Zeit! Ihr ffeid doch befftimmt schon frunfzig Jahre alt ... oder ffo!“

Ruan musste lachen. Er wollte die Tasche unter den Stühlen hervorziehen, um sie besser sehen zu können oder sogar mit nach unten zu nehmen.

„Nanana“, schimpfte die Plaudertasche los. „Ich wohne hier und ich bleib auch hier. Ich paff auf, daff niemand hier einfach beim Aufräumen oder Fegen auff Verffehen in eine andere Welt plumfft. Schliefflich wollen daff gar nicht alle Menschen, nur die Neugierigen. Aber ich hab schon wieder viel zu viel auffgeplaudert!“

Erschrocken stopfte sich das Täschchen seine Henkel in die Öffnung.

„Andere Welt?“ Die Kinder hatten aufmerksam zugehört und trauten ihren Ohren kaum.

„Ja, waff glaubt ihr denn? Daff eff nur eine Welt gibt?“

Die Plaudertasche brach in ein schallendes Gelächter aus. Mit ihren Henkel-Armen hielt sie sich ihren Taschen-Bauch vor Lachen.

Überrascht hakte Irini nach:

„Wie viele Welten gibt es denn dann?“

„Ähm, dreiunddrölfzig Trilliardonen? Oder ffo ähnlich. Jede Menge jedenfallff. Man muff ffich nur trauen, ffich die Dachziegel von den Augen zu nehmen. Uppffiiii, ich plapper wieder zu viel.“

Dachziegel? Marek berührte mit der Hand die Decke, an der er sich ohnehin schon fast den Kopf stieß. Vielleicht war das ein versteckter Hinweis gewesen?

Und tatsächlich: Mit einem Griff ließ sich ein Balken bewegen. Doch anstatt dass der blaue Himmel dahinter sichtbar wurde, erkannten die Kinder etwas ganz anderes: das rege Treiben eines Marktgeschehens.

Die bunten Kleider und Gewänder vermischten sich mit den kräftigen Farben von Gemüse- und Obstsorten, die die Kinder noch nie gesehen hatten. Überall waren laute Stimmen und Gelächter zu hören und ein süßer Duft von Vanille lag in der Luft.

Die Vier trauten ihren Augen kaum. Von ihrer Neugier angetrieben, verschoben sie einen weiteren Dachziegel. Die tobenden, tosenden Töne des Markttreibens verstummten. Stattdessen ertönte ein Zirpen und Zetern, ein Flattern und Fiepen, ein Rauschen und Raunen ... Vor ihren Augen lag ein tropischer Regenwald! Die Sonne fiel durch unzählige Pflanzenschichten, sodass die Kinder ein atemberaubendes Schattenspiel aus hellen und dunklen Grüntönen erblickten.

„Nur gucken, nicht reinplumpffen, Kinder!" holte die piepsige Stimme der Plaudertasche die Kinder zurück in ihre Realität.

„Was war DAS denn?!" Leah starrte die Tasche entgeistert an.

„Na, Welten eben. Ffag ich ja. Wer neugierig ist, kann einen Blick in andere Welten erhaschen. Ffolche Fenffter zu anderen Welten gibt'ff aber nicht nur hier. Wenn ihr lernt, lefft, Fragen stellt und neugierig ffeid, findet ihr ffie. Oder eben mit einem Plaudertäschchen plaudert", kicherte die Plaudertasche in sich hinein.

„Bleibt bitte alle noch sitzen", riss Herr Schlacks Stimme Irini aus dem Schlaf. Als sie die Augen öffnete, fand sie sich im Bus wieder.

„Du glaubst nicht, was ich gerade geträumt habe!", flüsterte ihre beste Freundin Leah ihr genau in diesem Moment zu.

Auch in der Reihe hinter ihnen tauschten sich Marek und Ruan gerade über ihre verrückten Träume aus. Und in allen spielte ein kleines Plaudertäschchen mit Sprachfehler eine Rolle!

Nach Herr Schnacks kurzer Rede stürmten Irini, Leah, Marek und Ruan als Erste aus dem Bus. Sie konnten es kaum erwarten, neue Welten zu entdecken.

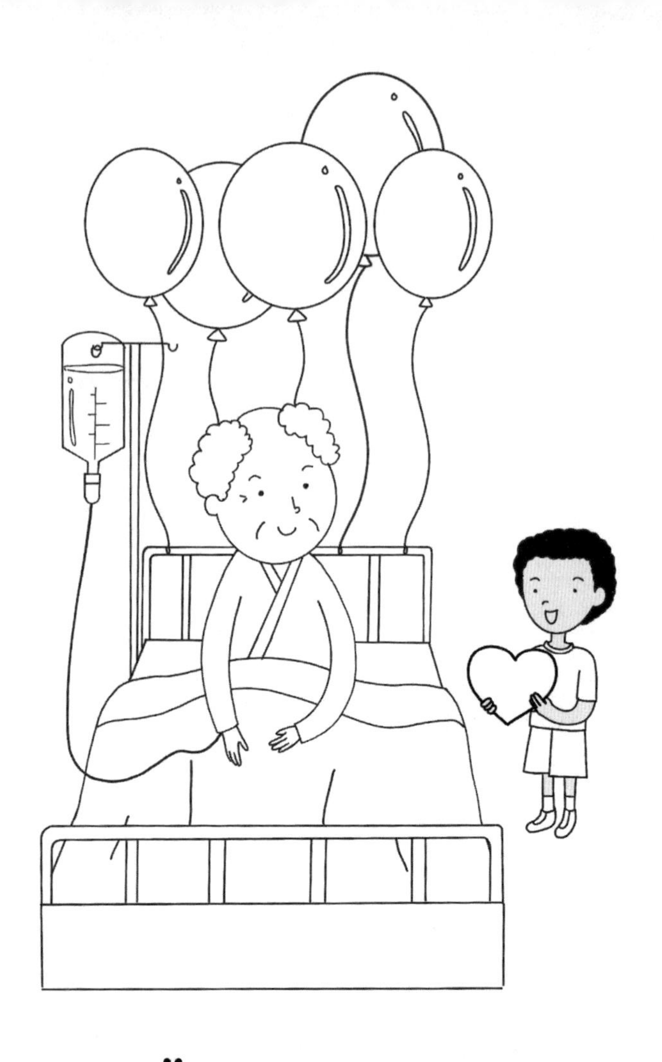

„**GLÜCKLICH** ist derjenige, der **LIEBE** nicht nur annehmen sondern auch geben kann."

- unbekannt -

# Kein Tag wie jeder andere

Es war ein Montagnachmittag. Jamal kam gerade aus der Schule, als dunkle Wolken am Himmel aufzogen. Montags war Papa-Tag. Genau genommen war jeder Tag Papa-Tag, wenn Jamals Mutter auf Geschäftsreise war.

Aber montags hatten die beiden noch mehr Zeit füreinander als sonst: Jamal kam früh aus der Schule und sein Vater hatte seinen freien

Tag. So konnten sie ein paar Stunden zu zweit verbringen, bevor sie seine drei kleinen Schwestern aus dem Kindergarten abholten. Heute wollten sie eigentlich ins Freibad gehen, aber die dunklen Wolken hatten ihnen einen Strich durch die Rechnung gemacht.

„Dann lass uns in die Bücherei gehen und ich zeige dir meine Lieblingsbücher!“, schlug Jamal vor. Er verbrachte gerne Zeit in der kleinen Stadtbücherei bei ihnen um die Ecke.

Inzwischen konnte er schon so gut lesen, dass sich die einzelnen Wörter in seinem Kopf schnell zu langen Sätzen und dann, nach und nach, zu richtigen Geschichten formten. So konnte man Menschen kennenlernen, die man im echten Leben nie treffen würde und in Welten eintauchen, von denen man im Alltag nicht einmal ahnen konnte, dass es sie gab – versteckt in irgendeinem Buch.

Im Moment liebte er Bücher über Astronauten. Eines Tages wollte er selbst im Weltall schweben. Er mochte die Vorstellung zu sehen, wie alle Landesgrenzen allmählich verschwinden würden, bis die ganze riesengroße Welt nur noch als schöne, kleine Murmel sichtbar war.

Als sie die Bücherei betraten, fühlte Jamal sich sofort wohl. Er mochte den Geruch von Büchern und die besondere, beruhigende Stimmung in der Bücherei. Es fühlte sich fast ein bisschen an wie zu Hause.

Seit er denken konnte stapelten sich zu Hause die Bücher in den Regalen. Sein Vater war Lehrer und las zu Hause gerne und viel.

„Es gibt nichts Wichtigeres als Bildung“, erklärte er Jamal oft. „Nur dadurch lernt man, die wirklich wichtigen Fragen zu stellen.“

Aber jetzt ging es erst eimal um die wirklich wichtigen Bücher, die Jamal seinem Vater unbedingt zeigen wollte: die Astronautenbücher.

Gerade als Jamal eines seiner Lieblingsbücher aus dem Regal zog, hörte er die Stimme der netten Frau Nois bei der Bücherausgabe:

„Moin, Herr Lonnelie“, grüßte sie den älteren Herrn, der gerade die Bücherei betreten hatte.

„Wie geht's Ihnen heute? Haben Sie schon Pläne für Ihren großen Tag? In einer Woche ist es ja soweit!"

„Ich kann nicht klagen", antwortete der Mann. „Ach, mein Geburtstag ist ein Tag wie jeder andere auch", fuhr er fort. „In meinem Alter und ohne Familie feiert man nicht mehr viel. Aber mit einem Buch und einer Tasse Tee wird das bestimmt trotzdem ein guter Tag."

Jamal schaute seinen Vater mit großen Augen an.

„Der Mann muss seinen Geburtstag ganz alleine feiern? Ohne Familie oder Freunde? Ohne Kuchen? Ohne Geschenke?" Er dachte an seine Geburtstage, auf die er sich immer schon Monate im Voraus freute. Da wurde gesungen, getanzt, gespielt und gelacht. Seine Lieblingstante kam mit ihrem Mann und ihren Kindern für mehrere Tage angereist und Schulfreunde einladen durfte er auch noch!

„Ja, Jamal. Das ist Herr Lonnelie. Er hat vor vielen Jahren als Kunstlehrer an meiner Schule gearbeitet. Ein netter Mann. Soweit ich weiß, hat er keine Kinder und keine Familie. Wirklich schade, dass er niemanden mehr hat, mit dem er seinen Geburtstag feiern kann. Komm, wir sagen ihm Hallo.“

Jamals Vater ging zu dem alten Mann. Die beiden sprachen über ehemalige Kollegen, die Jamal nicht kannte und über Bücher, von denen Jamal nicht einmal den Titel verstand.

Gelangweilt schlug er ein Astronautenbuch auf. Als er den ersten Satz zum dritten Mal gelesen hatte, ohne sich auch nur ein Wort davon zu merken, gab er es auf. Er konnte einfach nicht aufhören, an Herrn Lonnelie und seinen bevorstehenden Geburtstag zu denken.

Am nächsten Tag ging Jamal direkt nach der Schule wieder in die Bücherei. Ob Herr Lonnelie auch da war? Jamal wusste zwar nicht genau warum, doch er wollte den alten Mann unbedingt wieder sehen. Von Frau Nois erfuhr er, dass Herr Lonnelie bereits seit zwei Stunden an dem kleinen Tisch am Fenster saß und gerade nur auf Toilette sei. Jamal überlegte kurz.

Er wusste nicht, was er mit dem fremden Mann reden sollte, wollte ihm aber trotzdem irgendwie eine Freude machen. Schnell kramte er aus seiner Schultasche ein Blatt und einen dunkelbraunen Buntstift heraus und malte sich selbst.

Dazu schrieb er: „Hallo! Das bin ich. Ich habe heute an Sie gedacht. Jamal (der Junge mit dem Vater)“

Den Zettel legte er auf den Platz des alten Mannes. Aufgeregt lief er nach Hause.

Als er am nächsten Tag wieder in die Bücherei ging, rief ihn Frau Nois direkt zu sich. Sie hielt ihm einen Zettel entgegen und lächelte. Auf dem Zettel war ein alter Mann gezeichnet, der ganz eindeutig Herr Lonnelie war. Obwohl die Zeichnung nur aus wenigen Strichen bestand, war die Ähnlichkeit erstaunlich. Darunter stand nur: „Danke! – Der Mann mit den weißen Haaren.“

Jamal freute sich riesig. Jeden Tag nach der Schule ging er nun in die Bücherei und gab dort kleine Briefe für Herrn Lonnelie ab. Er schrieb von seinem Vater, von seinem Traum Astronaut zu werden und von seinen Großeltern in Uganda.

Drei Tage lang erhielt er Antworten auf seine Briefchen: Zeichnungen von Jamal mit seinem Vater, von Jamal im Weltall und von Jamal neben einem Löwen. Doch am vierten Tag hatte Frau Nois keinen Zettel für ihn. Mit leeren Händen und einem unguten Gefühl rannte er nach Hause.

Dort angekommen, erzählte er sofort seinem Vater davon. Der glaubte zwar, dass Herr Lonnelie inzwischen einfach genügend Bücher zu Hause hatte und deshalb nicht mehr kam, dennoch nahm er Jamals Sorgen – wie immer – sehr ernst. Und so kam es, dass die ganze Familie am Samstag einen Ausflug zu Herrn Lonnelie machte.

Als sie bei seinem kleinen Häuschen ankamen, öffnete niemand die Tür. Stattdessen berichtete eine Nachbarin, dass Herr Lonnelie gestern hingefallen und von einem Krankenwagen abgeholt worden war!

„Aber Herr Lonnelie hat doch am Montag Geburtstag!“, fiel Jamal sofort ein. „Den kann er doch nicht allein im Krankenhaus verbringen!“ Jamal wurde ganz traurig bei diesem Gedanken.

„Wir müssen etwas tun!“

Und sie taten etwas: Am Samstag ging Jamals Papa mit den Kleinen und einer langen Einkaufsliste los, während Jamal seine Freunde anrief und ihnen von seinem Plan erzählte. Den Sonntag verbrachte er den ganzen Tag mit seinem Vater in der Küche, während seine Geschwister mit ihrem schönsten Papier Karten bastelten.

Am Montag war es dann endlich soweit: Nach der Schule wurde Jamal von seinem Vater abgeholt.

Das ganze Auto duftete nach leckerem Essen. Seine Schwestern zeigten ihm stolz die bunte Krone, die sie im Kindergarten für Herrn Lonnelie gebastelt hatten.

Als sie im Krankenhaus ankamen, zog die

ganze Familie, mit leckerem Essen und Kuchen, Luftschlangen und Luftballons, Spielen, Blumen und Geschenken beladen, durch die Krankenhausflure.

Herr Lonnelie schlug vor Überraschung die Hände vor den Mund und seine Augen glitzerten verdächtig. Nach den ersten Glückwünschen – natürlich mit aufgesetzter Geburtstagskrone – öffnete Jamal das Fenster und stimmte ein Geburtstagslied an. Herr Lonnelie traute seinen Ohren kaum: Von draußen stimmten ganz viele ihm unbekannte Stimmen in den fröhlichen Gesang mit ein! Jamals Freunde Kira und Felix standen mit ihren Familien direkt unter seinem Fenster und sangen winkend mit.

Jamal bemerkte, wie Herr Lonnelie sich heimlich Tränen aus den Augen wischte. Er freute sich so sehr, dass er kaum Worte fand. Aber er strahlte übers ganze Gesicht. Dieses Lächeln würde Jamal sicherlich nicht mehr so schnell vergessen.

„An sich ist es gar nicht so schwer, Menschen eine Freude zu machen“, dachte Jamal, als die

Familie am Abend mit leeren Dosen, einem vollen Bauch und guter Laune nach Hause fuhr.

„Und außerdem macht man damit mehr als einen Menschen glücklich."

Auch für Jamal war es einer der schönsten Tage seit langem gewesen, mindestens genauso schön wie sein eigener Geburtstag. Sein heutiges Geschenk war Herr Lonnelies strahlendes und dankbares Lächeln gewesen.

"Wenn dich etwas Schweres runterzieht, **LASS ES LOS** und **FLIEGE** so hoch wie du kannst."

- unbekannt -

# Ein unbekanntes Fluchobjekt

Jetzt benimm dich doch mal anständig und hör auf mit dem Besteck rumzuklimpern“, zischte Lindas Mutter, als die beiden die Küche betraten.

„Und setz dich ordentlich hin, du weißt ganz genau, dass Tante Christa es nicht leiden kann, wenn jemand die Ellbogen auf dem Tisch hat! Also wirklich Linda, ich hab dir oft genug erklärt wie man sich als Dame bei Tisch verhält!“ Als Dame ...wie das schon klang. Linda war keine Dame. Linda war ein ganz normales Mädchen. Ein Mädchen, das sich gerne mal schmutzig machte und auch mit dem gleichen Löffel Suppe und Dessert essen würde, wenn es sein musste.

Nicht auszudenken, wie ihre Mutter aufschreien würde, wenn sie diesen Gedanken lesen könnte, grinste Linda in sich hinein.

„Und wenn Onkel Holger einen Scherz macht, darfst du ruhig auch lachen, statt so griesgrämig zu gucken!“, schimpfte ihre Mutter leise weiter, damit die Gäste im Wohnzimmer nichts davon mitbekamen. Linda schaute zu Boden.

Sie wollte ja alles richtig machen, aber es gab so viele Regeln, die sie sich einfach nicht merken konnte! Schon von klein auf hatten ihre Eltern ihr erklärt, wie sie als Mädchen zu sein hatte: hübsch, zurückhaltend und immer freundlich.

Und so schwer es ihr auch fiel, sie hatte sich angewöhnt, ihre Gefühle herunterzuschlucken, um Ärger mit ihrer Familie zu vermeiden.

Auch jetzt, als sie mit ihrer Mutter das benutzte Geschirr des Hauptgangs in die Küche getragen hatte und sich die Predigt ihrer Mutter anhören musste, murmelte sie nur „Entschuldigung“, statt das zu tun, was sie eigentlich gerne tun würde: zurück zu schimpfen.

Ihrer Mutter zu erklären, dass kein Mensch so viele verschiedene Gabeln und Messer und Löffel brauchte, wenn man sowieso nicht damit klimpern darf; dass das Essen genauso gut schmeckte, wenn die Ellbogen mal kurz auf dem Tisch waren, und dass Onkel Holgers Sprüche oft einfach nicht lustig waren.

Weil es vor dem Nachtisch immer eine kleine Pause gab, nutze Linda die Gelegenheit, in den Garten zu rennen. Selbst hier war alles perfekt: Die Rosensträucher waren perfekt in Form geschnitten und sogar die einzelnen Grashalme des Rasens schienen alle die gleiche, perfekte Länge zu haben. Linda lief in die entfernteste Ecke des Gartens, setzte sich auf den Rasen und riss wütend einige der perfekten Grashalme aus der Erde. Immerhin konnte ihre Familie sie hier nicht sehen und über mögliche Grasflecken auf ihrem unbequemen Rock schimpfen. Hier war sie ganz allein und konnte in Ruhe ... Ruhe?

Ein Knattern und Knarzen riss Linda aus ihren Gedanken. Verwirrt schaute sie sich um, konnte allerdings nichts Ungewöhnliches entdecken. Trotzdem wurden die Geräusche immer lauter und Linda glaubte sogar, leise Stimmen zu hören.

Ob sie schon den Verstand verlor? Für einen Moment kam ihr dieser Gedanke tatsächlich, denn was sie jetzt sah, konnte unmöglich wahr sein: Aus den Wolken fiel ein großes, rundes Etwas, das genau über Linda noch ein paar Drehungen machte und schließlich quietschend und qualmend vor ihr zu Boden sank.

„Na, Wolken sind aber auch nicht mehr das, was sie einmal waren!“ ,hörte Linda eine leise Stimme schimpfen. „Und wo sind wir überhaupt jetzt schon wieder gelandet?“, meckerte eine andere.

„Das Gras hier hat doch eine ganz falsche Länge für eine weiche Landung!“, empörte sich eine dritte Stimme.

„So kurzes Gras können auch echt nur Erdlinge schön finden.“, stimmte eine weitere Stimme zeternd hinzu.

„Verflixt und zugeschweißt, was qualmt denn hier schon wieder?“, ertönte nun ein Fluchen in dem großen, runden Etwas.

Die verschiedenen Stimmen motzten, meckerten und maulten alle durcheinander. Linda wich erschrocken ein Stück zurück und starrte dieses Ei-artige Etwas an, das da mitten in ihrem Garten gelandet war und dabei so ziemlich gegen jede Benimmregel verstieß, die sie kannte.

Eine kleine Tür öffnete sich und heraus purzelte eine Schar wütender Wesen, von denen ein einzelnes gerade einmal so groß war wie Lindas Hand.

„Von wegen grüne Männchen“, dachte sie verwundert, als ihr klar wurde, dass es sich bei diesen kleinen, bunten und offenbar über alles und jeden empörten Wesen um waschechte Aliens handeln musste. Ihr ganzer Körper bestand nur aus einem kugelrunden Kopf, aus dem dünne Arme und Beine wuchsen. Als sie es – unter ständigem Fluchen - geschafft hatten, ihre Beine zu entwirren und wieder auf ihren kleinen Füßen zu stehen, starrten sie Linda feindselig an.

Manche von ihnen begannen, fest mit den Füßen auf den Boden zu stampfen, andere weinten und schluchzten, und wieder andere kugelten auf dem Boden umher und schlugen mit ihren kleinen Fäusten auf den Erdboden. Linda wusste nicht, was sie tun sollte.

Aus dem Gewusel erhob sich schließlich ein Wesen, das etwas größer war als die anderen. Es trat mit energischen, aber winzigen Schritten näher an Linda heran.

„Hallo Erdling. Wir kommen in Frieden. Wir sind Koppfussla und kommen vom Planet Koppfussla.“, sprach das blaue Gesicht ruhig, während leisere Stimmen im Hintergrund weiterhin schimpften und zeterten.

„Ich heiße Linda“, antwortete Linda.

„Linn, wo?“, riefen einige der Wesen erschrocken und schauten sich ängstlich um.

„Nicht Linn, Linda. Und das ist einfach nur mein Name, keine Angst!“, versuchte Linda die Wesen zu beruhigen.

Der Anführer-Koppfussla winkte ab.

„Ach, lass die nur, Linda Erdling. Die sind nur dabei, zu tanken.“

Linda schaute das freundliche blaue Gesicht entgeistert an.

„Wie … tanken? Hier gibt‘s doch gar nichts?“

„Oh, wir brauchen auch nichts, danke. Wir haben ja alles“, erklärte der Koppfussla und zeigte auf die wütend stampfenden und jämmerlich wimmernden Wesen, als sei es die selbstverständlichste Sache der Welt – oder des Universums – dass man allein durch Schimpfen, Fluchen und Weinen ein Ufo tanken konnte.

„Aber was machen die denn da?“, hakte Linda nochmals nach.

„Ach, entschuldige. Ich dachte, tanken funktioniert hier genauso.

Ist es bei euch nicht so, dass man ins Schleudern gerät, wenn einem die guten Gefühle ausgehen?“

Linda wusste nicht genau, was sie sagen sollte. Eigentlich könnte man ihre Situation schließlich genau so beschreiben ...

„Nun ja, bei uns ist es jedenfalls so, dass wir dann alle schlechten Gefühle kurz entladen müssen“ ,erklärte das Wesen.

„Eigentlich wollten wir auf der Milchstraße landen, aber da war uns heute zu viel los. Und weiter haben wir es nicht geschafft, weil uns unsere Gefühle runtergezogen haben.“

Linda bemerkte, dass die Koppfussla, die zuvor wütend auf den Boden getrommelt hatten, wieder auf den Beinen waren. Auch das Weinen und Wimmern war abgeklungen. Der Anführer-Koppfussla bemerkte ihren Blick.

„Wir sind gleich fertig. Wenn wir unsere schwere Last losgeworden sind, können wir auch wieder abheben.“

Allmählich verstand Linda. Sie hatte zwar noch nie ein Auto gesehen, das man durch einen Wutausbruch tanken konnte, aber dass es manchmal nötig war, negative Gefühle von Bord zu werfen, konnte sie sich an diesem Sonntagmittag trotzdem gut vorstellen.

„Lindaaaa, wo steckst du?“, ertönte plötzlich Tante Christas Stimme.

„Willst du etwa keine Mousse au Chocolat, Dickerchen?“, spottete Onkel Holger.

Linda spürte die Wut in sich hochkochen und zum ersten Mal seit langem versuchte sie gar nicht erst, sie herunterzuschlucken.

„Weißt du was, Holger? Ich will wirklich keinen Nachtisch. Kannst gerne meine Portion essen. Wenn du den Mund voll hast, kannst du wenigstens keine blöden Witze machen.“ Sofort fühlte Linda sich besser.

Ihre Familie erstarrte. Doch plötzlich geschah etwas, was für Linda noch überraschender kam als die Landung des unbekannten Fluchobjekts im Garten: Onkel Holger brach in ein schallendes Gelächter aus und sagte geradezu freundlich:

„Ach, guck mal! Du kannst ja sogar deine

Meinung sagen!“ Und an die anderen gewandt fügte er hinzu: „Hättet ihr mir auch mal früher sagen können, dass meine Scherze nicht lustig sind. Ich hab schließlich noch einige andere auf Lager!“

Linda konnte es kaum fassen: Den restlichen Nachmittag erzählte Onkel Holger Witze, die gar nicht so übel waren. Und von hoch oben, weit über den Wolken, konnte man ein leises Kichern hören. Doch nur Linda wusste, dass das nicht der Schall des Familiengelächters war, sondern dass es viele kleine Koppfussla waren, die inzwischen wieder unbeschwert ihre Reise durchs Weltall fortsetzen konnten.

„**MUT** steht am Anfang des Handelns, **GLÜCK** am Ende."

- Demokrit -

# Balu, der Lesehund

„Denkt daran, fleißig zu üben!“, rief Kims Klassenlehrerin Frau Ried, während die Schülerinnen und Schüler ihre Hefte einpackten. Es war Freitag, die letzte Schulstunde war gerade zu Ende und die Kinder tauschten sich fröhlich über ihre Wochenendpläne aus. Nur Kim blieb still. Sie konnte sich einfach nicht auf das Wochenende freuen. Das bevorstehende Wochenende bedeutete nämlich, dass auch bald wieder Montag sein würde. Und das bedeutete, dass der Vorlesewettbewerb beginnen würde. Jeder Schüler würde eine Geschichte vorlesen müssen. Wem das am schönsten und mit den wenigsten Fehlern gelang, würde dann gegen die besten Vorleser der anderen Klassen antreten. Kim wollte nicht vor der Klasse vorlesen.

Kim hatte Angst. Angst davor, ausgelacht zu werden. Angst davor, Frau Ried zu enttäuschen. Vor allem hatte Kim Angst davor, dass die Worte nur bruchstückhaft aus ihrem Mund stolpern würden.

Dabei konnte Kim lesen. Wenn sie ganz für sich alleine ein Buch aufschlug, konnte sie langsam aber sicher, Wort für Wort, Satz für Satz, ohne Probleme ganze Geschichten lesen.

Aber sobald sie wusste, dass da jemand war, der sie anschaute; jemand, der darauf wartete, dass sie den Satz endlich vollenden würde und jedes falsch ausgesprochene Wort verbessern würde, klappte nichts mehr: Sie begann zu stottern, las langsamer und musste sich so eine Mühe geben, die richtigen Wörter in der richtigen Reihenfolge zu sagen, dass sie selbst gar nicht verstand, was sie las.

Mit hängenden Schultern schlenderte Kim an diesem Freitag nach Hause. Eigentlich wollte sie direkt in ihr Zimmer gehen und allein sein, doch im Flur entdeckte sie etwas, das ihre Laune schlagartig verbesserte: eine Hundeleine!

Balu musste also da sein! Balu war der Hund ihres Nachbarn. Kim und ihr älterer Bruder Noah hatten den wuscheligen braun-weißen Border-Collie vom ersten Moment an geliebt. Sie hatten ihn vor einem halben Jahr im Treppenhaus kennengelernt. Am anderen Ende der Leine hatte ihr neuer Nachbar Chris gerade einen großen Koffer in seine neue Wohnung gezogen.

Seit diesem Tag waren Kim und Noah oft zusammen mit Chris und Balu spazieren gegangen. Und irgendwann – Kim hatte ihr Glück kaum fassen können – hatte Chris die Familie gefragt, ob Balu ab und zu für einige Stunden bei ihnen bleiben könnte.

Balu war noch jung und blieb nicht gern

alleine. Genau genommen hatte er aus Langeweile einmal Chris' neue Möbel angeknabbert, weshalb Chris auf die Möbel-schonendere und sowieso viel bessere Idee gekommen war, dass Noah und Kim ab und zu auf ihren neuen Freund aufpassen könnten.

Heute war also wieder einer dieser Glückstage. Kim lief ins Wohnzimmer und sah Balu auf seiner blauen Kuscheldecke liegen. Als er Kim bemerkte, sprang er auf und begrüßte sie schwanzwedelnd. Nach dem Mittagessen nahm Kim Balu mit in ihr Zimmer.

Sie setzte sich zu ihm auf den Boden und streichelte ihn, während er – halb auf ihren Schoß gekrabbelt – langsam einschlief. Vorsichtig zog Kim ihr Deutschbuch aus ihrer Schultasche, die sie in eine Zimmerecke geworfen hatte.

Allmählich musste sie sich entscheiden, welche Geschichte sie am Montag vorlesen würde. Missmutig blätterte sie in dem Buch. Welche Geschichte wohl die einfachsten Wörter und kürzesten Sätze hatte?

Als sie das Buch gerade frustriert wieder zuschlagen wollte, legte Balu plötzlich die Pfote auf die Ecke des Buchs, wodurch sich einige der Seiten verschoben. Kim blätterte die verschobenen Seiten um und öffnete die Seite, auf die Balu zielsicher seine Pfote gesetzt hatte. Er schaute Kim ruhig und auffordernd an, als wollte er sagen:

„Ich habe dir die beste Geschichte im Buch gezeigt, jetzt bist du dran. Lies sie mir vor!"

Um sicher zu gehen, dass niemand außer Balu sie hörte, schloss Kim ihre Zimmertür.

Und dann begann sie vorzulesen. Sie spürte Balus Blick und begann prompt, sich zu verhaspeln. Aber Balu sagte nichts. Balu verbesserte keine Fehler. Balu wurde nicht ungeduldig. Balu lachte nicht. Balu hörte einfach nur zu.

Erst als sie umblättern musste und eine kurze Pause machte, fiel ihr auf, dass sie die letzte Seite völlig fehlerfrei gelesen hatte. Und was noch besser war: In ihrem Kopf war keine Angst mehr, keine Wut, keine Unsicherheit.

In ihrem Kopf waren keine einzelnen Wörter, keine bruchstückhaften Satzteile. In ihrem

Kopf war eine ganze Geschichte!

Ohne es zu merken, hatte sie die Geschichte einfach vorgelesen und sogar verstanden. Kim staunte. So flüssig hatte sie es noch nie geschafft, jemandem vorzulesen.

Am Samstag war Chris zu Hause. Trotzdem fragte Kim ihn, ob Balu ein paar Stunden bei ihr verbringen könnte. Sie erzählte Chris nicht, warum ihr das wichtig war. Noch wollte sie niemandem verraten, was die beiden machten, wenn sie ihre Zimmertür schloss. Nicht, bevor sie wusste, ob ihr plötzlicher Vorlese-Erfolg nicht nur Zufall war. Also übte sie heimlich weiter. Hin und wieder stolperte sie noch über ein Wort – wer tut das nicht? – gleichzeitig hatte sie zum ersten Mal in ihrem Leben Spaß am Vorlesen.

Kim las Balu viele Geschichten vor, sogar die mit den schwierigen Wörtern und langen Sätzen. Balu war ein guter Zuhörer. Er lag zu ihren Füßen und spitzte die Ohren, soweit seine Klappohren es zuließen. Manchmal, wenn Kim aufhören wollte zu lesen, legte er den Kopf schief, als wollte er sie bitten, weiterzulesen. Wenn sie eine Stelle immer und immer wieder vorlesen musste, legte er ihr beruhigend eine Pfote auf die Hand.

Das Wochenende verging wie im Flug. Am Montagmorgen konnte Kim vor Aufregung kaum einen Bissen frühstücken. Zu gern würde sie Balu mit in die Schule nehmen, doch das ging natürlich nicht. Ob sie auch noch so gut vorlesen können würde, wenn sie nicht zwei liebevolle Hundeaugen, sondern 50 erwartungsvolle Menschenaugen anschauten?

Kim war eine der ersten, die vorlesen sollten. Mit zittrigen Händen schlug sie Balus Lieblingsgeschichte auf. Wie aus weiter Ferne hörte sie Frau Rieds Stimme:

„Dann leg mal los Kim, wir sind gespannt!"

Die Buchstaben tanzten vor ihren Augen und schon bei den ersten Wörtern hatte sie Schwierigkeiten, sie richtig auszusprechen. Sie schluckte, holte tief Luft und begann von vorne. Sie versuchte, nur an Balus ruhigen Blick zu denken. Seine liebevollen Pfoten-Stupser. Seine aufmerksam gespitzten Ohren.

Nach und nach vergaß sie, dass sie sich in einem Klassenzimmer befand. Sie vergaß, dass sie glaubte, nicht gut vorlesen zu können. Sie vergaß, dass es einzelne Wörter waren, die sie schnell entziffern musste. Sie dachte an Balu und daran, wie sie ihm vorgelesen hatte.

„Das war ja super, Kim! Du kannst ja richtig gut lesen!“, lobte Frau Ried überrascht.

Stolz erzählte Kim von ihrem tierischen Helfer. Frau Ried war begeistert:

„Weißt du, dass es ‚Lesehunde‘ gibt? Das sind Hunde, die eine Ausbildung machen und dann richtig an einer Schule arbeiten und Kindern dabei helfen, sich beim Lesen sicherer zu fühlen! Ich glaube, Balu hat sich entschieden, Lesehund werden zu wollen! Vielleicht hat sein Besitzer auch Lust dazu?“

Nach der Schule rannte Kim aufgeregt nach Hause und klingelte Sturm bei ihrem Nachbarn Chris. Er schaute sie ungläubig an, als sie von Frau Rieds Idee erzählte.

„Mein Balu, ein Lesehund?“

„Naja, eigentlich ist er das sogar schon“, verriet Kim und erzählte von Balus und ihrem Geheimnis. Chris staunte nicht schlecht.

„Na, dann hat Balu sich ja sowieso schon entschieden“, lachte er.

In den darauffolgenden Wochen begann Chris eine Ausbildung mit Balu und begleitete Kim zweimal pro Woche in ihre Schule. An diesen Tagen wälzte sich Balu aufgeregt und voller Vorfreude auf dem Boden. Kim wusste, dass Balu ein guter Vorlesehund werden würde – weil er es eigentlich schon war. Genau wie Balu gewusst hatte, dass Kim eine gute Vorleserin werden würde – weil sie es eigentlich immer schon gewesen war. Er hatte ihr nur geholfen, das auch zu erkennen.

Am Tag der Entscheidung wurde Kim nicht zur besten Vorleserin der Klasse gewählt. Trotzdem gewann sie: das Selbstvertrauen, dass sie mehr konnte, als sie glaubte; eine gehörige Portion Stolz, ihre Angst überwunden zu haben - und natürlich einen tierischen Begleiter in der Schule.

„SEI DU SELBST.
Alle anderen gibt es schon."

-Oscar Wilde-

# Schubladen sind für Socken da

„Wir müssen los, sonst kommen wir zu spät!“, drängelte Kira. Das Klingeln der Schulglocke hatte bereits vor einigen Minuten das Ende der großen Pause angekündigt. Die meisten Kinder waren inzwischen schon wieder in den Klassenräumen.

Noah saß mit seinen besten Freundinnen Kira und Elani noch draußen auf einer Bank. Er trödelte. Umständlich wickelte er sein angebissenes Pausenbrot wieder in die Folie ein;

legte das eingewickelte Brot ordentlich in seine Brotdose; überprüfte mehrfach, ob die Dose auch wirklich geschlossen war; packte seine Schultasche um, um den perfekten Platz für die Dose freizuräumen ...

Kira und Elani hatten zuerst nicht bemerkt, wie viel Zeit sich Noah ließ. Sie hatten weiter von ihrem Tanzkurs geschwärmt, den sie vor kurzem gemeinsam begonnen hatten. Aber jetzt war Kira aufgefallen, dass der Schulhof inzwischen fast menschenleer war. Sie mussten dringend zur Sporthalle. Sicherlich waren alle anderen schon in den Umkleidekabinen.

Noah hatte keine Lust. Nicht, dass er nicht gerne Sport machte, im Gegenteil. Aber für heute hatte ihr Lehrer Fußball angekündigt. Und von Fußball hatte Noah einfach die Nase voll.

Aber alles Trödeln half ja nichts. Und so rannte Noah schließlich Kira und Elani hinterher in Richtung Sporthalle. In den Umkleidekabinen war es heute besonders stickig.

Durch die winzigen Fenster unter der Decke schienen nur wenige Lichtstrahlen auf die dunkelblauen Wände der Kabine. Während sich die anderen Jungs auf das bevorstehende Fußballspiel freuten und sich Strategien ausdachten, wie sie am besten gewinnen könnten, zog Noah gedankenverloren seine Sportsachen an. Er dachte daran, wie sein Vater ihn gerade gestern Nachmittag noch zum Fußballtraining gebracht hatte.

Als Noah ihm erklärt hatte, dass ihm das Training keinen Spaß machte, hatte er nur geantwortet:

„Ach was. Fußball spielt doch jeder Junge gerne! Wenn du in deiner Freizeit mehr mit anderen Jungen machen würdest, statt nur mit Mädchen zu spielen, wüsstest du das."

Noah verstand zwar nicht, wieso er mehr Spaß am Fußball haben sollte, wenn er mehr Zeit mit den Jungs aus seiner Klasse verbringen würde, aber seinem Vater zu widersprechen hatte noch nie Sinn gemacht. Er hatte feste Vorstellungen davon, wie Noahs Leben verlaufen sollte: Er sollte Fußball spielen, schnelle Autos lieben und bloß nichts tun, was „für Mädchen" war.

Noah fand Fußball langweilig. Er verstand

einfach nicht, was daran toll sein sollte, einem Ball hinterher zu rennen. Und auch Autos interessierten ihn nicht die Bohne. Klar, sie waren praktisch, um von hier nach da zu kommen – aber sonst?

Als die Jungs die Sporthalle betraten, waren die meisten Mädchen bereits da. Elani saß neben Herrn Trops auf einer Bank und redete begeistert auf ihn ein. Die Jungs brüllten und trampelten so laut, dass Noah Elanis Worte nicht verstand, aber so wie ihre Augen glühten, konnte es nur um den Tanzkurs gehen.

Wie schön es doch wäre, wenn auch Noahs Augen mal so glühen könnten ...

Als alle Kinder aus den Umkleidekabinen eingetrudelt waren und sich um Herrn Trops versammelt hatten, begann auch er von dem Tanzkurs zu reden. Wieso musste denn plötzlich jeder von diesem Tanzkurs reden?

Noah wusste, dass der Kurs ihm auch Spaß machen würde. Manchmal versuchte er heimlich zu Hause, einige der Schrittfolgen nachzutanzen, die Kira und Elani in den Pausen übten.

Ohne die richtige Musik dazu fehlte natürlich etwas - und trotzdem: Selbst diese „Trockenübungen“ machten ihm viel mehr Spaß als sein Fußballtraining.

„Elani hat mir erzählt, dass bei ihrem Tanzkurs noch Kinder gesucht werden, die Lust haben, mitzumachen!“, erzählte Herr Trops. „Ihr wisst ja, dass unsere Schule schon seit vielen Jahren mit der Tanzschule zusammenarbeitet.

Die Tanzkurse, die da für Kinder angeboten werden, sind wirklich super. Also meldet euch an! Die Anmeldefrist für den laufenden Kurs wurde um eine Woche verlängert.

Ihr könnt euch also immer noch anmelden und mit Elani und Kira zusammen im Kurs tanzen. Das gilt übrigens auch für euch Jungs! Es wär super, wenn der Kurs noch männliche Verstärkung bekommen würde. Also sprecht mit euren Eltern und vereinbart eine Probestunde!“

Während des gesamten Fußballspiels war Noah in Gedanken bei Herrn Trops Worten. Zu gern würde er sich auch für den Kurs anmelden, aber sein Vater würde niemals zustimmen. Für ihn war Tanzen Mädchensache.

Doch Noah musste es wenigstens versuchen, mit ihm zu reden. Das war ihm jetzt noch klarer geworden.

Als er nach der Schule nach Hause kam, hatte seine Mutter bereits das Mittagessen gekocht. Auch sein Vater war schon zu Hause.

„Na, wie war's in der Schule?“, fragte er Noah beim Mittagessen.

„Geht so. Wir haben Fußball gespielt“, erzählte Noah bedrückt.

„Ist doch super! Da bist du doch bestimmt gut drin, oder wozu schicken wir dich zweimal die Woche zum Training? Hast du ordentlich Tore geschossen?“

Noah stocherte in seinen Spaghetti herum. „Nee, hab ich nicht. Das macht mir aber auch keinen Spaß“, nuschelte er in seinen Teller.

Er spürte einen Kloß im Hals. Bloß nicht weinen, dann würde sein Vater ihn womöglich auch noch auslachen.

„Wie bitte? Was hast du gerade gesagt?“, fuhr sein der ihn an. Noah schluckte, doch der Kloß wollte einfach nicht verschwinden.

„Fußball macht mir einfach keinen Spaß. Ich

dachte, vielleicht kommt das irgendwann. Dass es Spaß macht, meine ich. Aber das ist nicht so“, brach es aus ihm heraus.

Er begann zu schluchzen. Sein ganzer Körper bebte. Verschwommen sah er den überraschten und etwas ratlosen Blick seiner Mutter.

Seinen Vater anzuschauen traute er sich nicht. Sicherlich kochte der vor Wut. Oder er würde gleich anfangen, ihn auszulachen. Nichts geschah. Nur das Klirren von Noahs Gabel war zu hören, mit der er immer noch in den Spaghetti herumstocherte.

„Jetzt hör doch mal auf zu heulen wie ein Mädchen!“, unterbrach sein Vater schließlich das Schweigen.

„Genau das ist es doch, Papa!“ ,schluchzte Noah. „Ich weiß, dass du willst, dass ich Fußball spiele und Jungs-Sachen mache und so. Aber ich bin nicht so. Und ich will so auch gar nicht sein!“

Er wischte sich die Tränen aus den Augen. Auch wenn er sich immer noch nicht traute, seinen Vater anzuschauen, merkte er, dass es ihm langsam besser ging. Es war richtig, endlich Nein zu sagen. Nein zum Fußball, Nein zu den Sprüchen seines Vaters und Nein zu dem, was er nicht sein wollte.

„Ich will lieber den Tanzkurs machen! Man kann sich diese Woche noch anmelden, aber ihr müsst einverstanden sein. Ich will doch nur das machen, was mir Spaß macht."

Endlich war es heraus.

„Einen TANZKURS!?!", rief Noahs Vater schockiert. Er sprang vom Tisch auf und lief in die Küche. Noah wollte hinterhergehen, doch seine Mutter hielt ihn zurück.

„Lass ihn!"

Nachdenklich nahm sie Noah in den Arm.

„Und du wolltest echt nie Fußball spielen?"

Noah schüttelte den Kopf.

„Dann muss ich mich wohl auch bei dir entschuldigen. Ich glaube, Papa war sich so sicher, dass Fußball das richtige für dich ist, weil er es früher so gerne gespielt hat. Aber du bist eben nicht wie er. Und das ist auch gut so." Sie wischte ihm die Tränen von den Wangen.

Noahs Vater blieb lange weg. Selbst als Noah seinen Teller schon lange aufgegessen hatte, war er noch nicht zurück. Was das wohl zu bedeuten hatte? Ob er nie wieder ein Wort mit ihm wechseln würde? Nach einer gefühlten Ewigkeit hörte man schließlich, wie sich seine Schritte näherten.

Noahs Herz klopfte. Doch dann sah er die große Schale Eis, die sein Vater in der Hand hielt und direkt vor Noah abstellte. So böse konnte er gar nicht sein. Und es kam noch besser:

Sein Vater erzählte, dass er gerade in der Tanzschule angerufen und Noah für den Tanzkurs angemeldet hatte.

Scheinbar hatte er endlich verstanden, dass Noah auch ein Junge sein konnte, ohne in eine „Typisch-Jungs-Schublade“ zu passen. Schubladen sind schließlich für Socken da, nicht für Menschen.

"Es heisst

**FREUNDSCHAFT**,

weil man mit Freunden

alles schafft!"

- unbekannt -

# Achterbahn der Gefühle

Sehen wir uns später?", fragte Liam Elif nach der Schule. „Vielleicht ...", wich Elif der Frage aus. „Ich ruf dich an, okay?" Eigentlich hatte Elif Zeit. Heute war einer der wenigen Tage, an denen sie nicht nachmittags zum Gesangsunterricht ging.

Elif liebte das Singen. Manchmal dachte sie sich sogar eigene Lieder aus, die am Ende richtig gut klangen. Sie konnte zwar noch keine Noten lesen, doch sie hatte ein außergewöhnliches Gespür dafür, in welcher Reihenfolge die einzelnen Töne eine schöne Melodie ergaben.

Für sie waren die Tage, an denen sie zur Stimmbildung ging, ihre Lieblingstage. Aber nicht nur deshalb war heute kein guter Tag. Heute war ein schwerer Tag, weil sie Liam das erste Mal in ihrem Leben angelogen hatte.

Liam war ihr allerbester Freund. Die beiden kannten sich schon seit dem Kindergarten und hatten die letzten Jahre gemeinsam in der Grundschule verbracht. Sie hatten viel miteinander erlebt: in Liams Garten zusammen mit seinem großen Bruder ein Baumhaus gebaut, den Zirkuskindern die Stadt gezeigt und als Dankeschön einen freien Eintritt in eine atemberaubende Show erhalten, einen aus dem Nest gefallenen Vogel gerettet, ...

Die Liste solcher Erlebnisse war lang. Aber angelogen hatten die beiden sich noch nie. So etwas machten beste Freunde schließlich nicht – warum auch? Sie konnten sich doch alles erzählen!

Aber heute war das anders. Als Liam Elif heute gefragt hatte, ob sie schon wisse, auf welche Schule sie wechseln würde, hatte Elif einfach nicht die Wahrheit sagen können.

„Noch nicht“, hatte sie geantwortet und dabei an die Einladung zum Vorsingen gedacht, die sie erhalten hatte. Elif hatte sich bei einer Schule beworben, die einen musikalischen Schwerpunkt hatte und wo sie sogar in der Schule Gesangsunterricht erhalten würde.

Als Elif erfahren hatte, dass es so eine Schule gab, war ihr klar gewesen, dass das für sie eine große Chance wäre. Aber sie wusste auch, dass Liam sehr traurig sein würde. Und so hatte sie es einfach nicht übers Herz gebracht, ihm heute Mittag von dem bevorstehenden Vorsingen zu erzählen.

Als Liam nach der Schule nach Hause lief, war er in Gedanken bei seiner besten Freundin Elif. Irgendetwas stimmte nicht mit ihr.

Noch nie hatte sie auf die Frage nach einem Treffen mit „vielleicht“ geantwortet.

„Klar!“, war die einzige Antwort, die er von ihr kannte.

Wollte sie sich etwa nicht mit ihm treffen? Vielleicht hatte ihr Verhalten etwas mit dem bevorstehenden Schulwechsel zu tun. Liam wusste bereits, auf welche Schule er gehen würde. Eigentlich hatte nie eine andere Schule zur Wahl gestanden. Für ihn war schon immer klar gewesen, dass er auf dieselbe Schule gehen würde wie sein großer Bruder – die war schließlich auch ganz in der Nähe. Liam war immer davon ausgegangen, dass Elif mit ihm gemeinsam auf die neue Schule wechseln würde. Dass die beiden gemeinsam in ihr neues Abenteuer starten würden. Dass sie gemeinsam neue Freunde finden und sich über Lehrer ärgern würden.

Aber vor zwei Wochen hatte Elif erzählt, dass es noch eine andere Schule gab, auf die sie gerne gehen würde.

„Das klappt wahrscheinlich sowieso nicht, dafür muss man sehr gut singen können“, hatte sie versucht, ihn zu beruhigen.

Liam wusste ganz genau: Elif konnte gut

singen. Elif konnte sogar sehr gut singen.

Am Nachmittag klingelte das Telefon.

„Wollen wir uns treffen? Ich muss dir etwas erzählen“, Elifs Stimme klang bedrückt.

Liam ahnte schon, dass das nichts Gutes sein würde.

Er behielt recht: Elif erzählte, dass sie eine Einladung zum Vorsingen bekommen hatte.

„Aber das heißt ja noch gar nichts, bestimmt nehmen die mich dann trotzdem nicht!“

Wieder spielte Elif ihr Talent herunter. Aber Liam wusste: Egal was sie selbst behauptete – Elif konnte wirklich sehr, sehr gut singen.

Elif hatte endlich all ihren Mut zusammengenommen und Liam von dem bevorstehenden Vorsingen erzählt. Als sie seinen enttäuschten, traurigen Blick sah, schossen ihr die Tränen in die Augen. Warum musste alles so schwer sein? Sie wollte ja auch mit Liam gemeinsam auf eine Schule gehen. Gleichzeitig wollte sie auch ihren Traum verfolgen und Sängerin werden. Diese Schule war eine riesige Chance für sie!

„Dann lass uns wenigstens noch vor deinem

Vorsingen irgendetwas Schönes zusammen erleben!“, schlug Liam schließlich vor.

„Hast du Lust, mit meiner Familie in den Freizeitpark zu fahren? Leo hat doch nächste Woche Geburtstag, da wollte meine Familie sowieso einen Ausflug machen. Bestimmt kannst du mitkommen. So als Abschied.“

Elif musste schlucken. Als Abschied? Wollte sie das wirklich? Liam war für sie wie ein Bruder geworden und seine Familie wie eine zweite Familie. Natürlich würde sie gerne einen Tag mit ihnen verbringen, wenn Liams Bruder Leo Geburtstag hatte.

Und so kam es, dass sie am darauffolgenden Sonntag mit Liam, seinen Eltern, Leo und drei seiner Freunde einen Ausflug in einen Freizeitpark machte. Elif genoss den Ausflug. Beim Achterbahnfahren hatte sie wenigstens keine Zeit über Abschiede, Lügen und das bevorstehende Vorsingen nachzudenken.

Liam dagegen hatte ein ungutes Gefühl im Bauch. Dass daran nicht die letzte Achterbahnfahrt schuld war, wusste er. Dieses Gefühl hatte er schließlich bereits seit Tagen – mal stärker, mal schwächer. Liam hatte ein Geheimnis. Er hatte etwas getan, für das er sich schämte.

Der Vorschlag, mit Elif in den Freizeitpark zu fahren, war nicht nur als nette Idee für einen gemeinsamen Tag gewesen. Im Gegenteil: Insgeheim hatte Liam gehofft, dass Elif beim Achterbahnfahren so sehr schreien würde, dass ihre Stimme am nächsten Tag nicht mehr so gut klingen und sie beim Vorsingen nicht überzeugen können würde.

Liam wusste, dass dieser Gedanke gemein war, schließlich war ihm klar, wie sehr Elif das Singen liebte. Er wusste, dass diese Schule eine große Chance für sie sein würde. Aber er hatte Angst. Noch nie hatte er eine so gute Freundin gehabt wie Elif. Er wollte sie nicht verlieren.

Als sein Bruder mit seinen Freunden zu einer riesigen Achterbahn gegangen war und er mit Elif an einem Pommes-Stand wartete, nutzte er die Chance.

Er musste es ihr einfach beichten. Bedrückt erzählte er ihr von seinen Ängsten, von seinen schlimmen Gedanken und von seinem schlechten Gewissen.

Elif schaute ihn schweigend an. Ihr bester Freund hatte sich gewünscht, dass sie ihren Traum aufgeben muss. Sie wusste nicht, wie sie reagieren sollte. Sie wusste nicht einmal, wie sie sich fühlen sollte. Wütend? Enttäuscht? Traurig?

Aber eigentlich konnte sie ihn verstehen. Für sie würde ein ganz neues Abenteuer beginnen und sie würde ihrem großen Traum Sängerin zu werden, näher kommen. Er würde zwar auch auf eine andere Schule kommen und neue Dinge erleben, aber er wäre erst einmal allein.

Und im Gegensatz zu ihr fand Liam nicht so schnell Freunde. Wahrscheinlich hatte er einfach Angst. Elif schaute Liam an, der zwischen lauter fröhlich lachenden Kindern stand und traurig auf den Boden starrte. Und dann wusste sie, was sie was zu tun war: Sie umarmte Liam, lang und fest. Kein blöder Schulwechsel würde ihre Freundschaft kaputt machen können!

Liam konnte es kaum fassen: Sie verzieh

ihm! Wie hatte er nur daran denken können, sich ihrem Traum in den Weg zu stellen! Den Rest des Tages erlebten die beiden gemeinsam lachend die Höhen und Tiefen; die unerwarteten Kurven und Wendungen der Achterbahnen.

Am nächsten Tag stand Elifs Vorsingen an. Als Liam deshalb zum ersten Mal seit langem alleine zur Schule ging, stellte er noch eine kleine Tüte vor ihre Haustür. Darin waren kleine Pralinen auf denen „Viel Erfolg" stand und Bonbons und Tee für ihre Stimmbänder.

Und Erfolg hatte Elif tatsächlich. Sie verzauberte die Jury beim Vorsingen und wurde an der Schule angenommen. Liam wechselte auf die Schule seines Bruders. Durch die Volleyball-AG fand er schneller neue Freunde als er gedacht hatte – und ein neues Hobby, das ihm viel Spaß machte.

Nur eines änderte sich durch den Schulwechsel nicht: Elif und Liam blieben weiterhin die besten Freunde und erlebten gemeinsam die Höhen und Tiefen; die unerwarteten Kurven und Wendungen des Lebens.

"JEDER IST EIN GENIE!

Aber wenn du einen Fisch danach beurteilst, ob er auf einen Baum klettern kann, wird er sein ganzes Leben glauben, dass er dumm ist."

-Albert Einstein-

# Neues Spiel, neues Glück

Der Abpfiff schrillte laut in Lucas Ohren. Das Spiel war vorbei. Es gab keine Chance mehr, noch ein Tor zu schießen. Die Spieler der gegnerischen Mannschaft brachen in einen Siegesgesang aus und umarmten sich überschwänglich. Luca kickte wütend ins Gras.

3 zu 0. Kein einziges Tor hatte er als Stürmer schießen können. Dabei hatte er den Ball

sogar oft gehabt. Aber jedes Mal, wenn er dachte, jetzt könne er endlich ein Tor schießen, war hinter ihm ein Spieler der gegnerischen Mannschaft aufgetaucht und hatte ihm geschickt den Ball abgenommen. Viermal war das passiert. Vier Tore hätte er womöglich schießen können, wenn er besser auf die anderen Spieler geachtet hätte.

Als die Jungs aus seiner Mannschaft auf ihn zukamen, wusste er schon, dass sie ihn beschimpfen würden. Er war ohnehin nicht der beliebteste Junge der Mannschaft und sein heutiges Versagen würde das nicht gerade besser machen.

„Mann Luca, bist du blind oder was? Du hättest viel früher passen müssen!“, meckerte Joshua los.

„Wenn du heute richtig gespielt hättest, hätten wir gewinnen können!“, ergänzte Kevin wütend.

„Echt, langsam glaub ich, ohne dich wären wir besser dran!“, setzte Siwon noch einen drauf.

Luca wusste, dass er Fehler gemacht hatte, deswegen wehrte er sich nicht gegen die Sprüche der anderen. Vielleicht hatten sie ja recht. Vielleicht hätte die Mannschaft ohne ihn gewinnen können.

Er murmelte eine Entschuldigung und machte sich schnell auf den Weg zur Umkleidekabine.

„Jungs, wartet mal!“, rief ihr Trainer Fabian über den Platz, als Luca gerade in der Umkleidekabine verschwinden wollte.

Auch das noch. Er hatte keine Lust, jetzt noch von Fabian auf seine schwache Leistung angesprochen zu werden.

Mit hängenden Schultern trottete Luca zurück zu den anderen und wartete auf die Moralpredigt des Trainers.

„Woran hat's gelegen?“, fragte Fabian in die Runde.

„Naja, gewisse Spieler haben heute einfach schlecht gespielt“, stichelte Joshua. Luca schaute zu Boden. Er spürte die feindseligen Blicke der anderen.

Doch zu seiner Überraschung antwortete Fabian nur:

„Falsch! Andere Ideen?“

„Die Gegner waren einfach zu stark?“, überlegte Kevin.

„Wieder falsch. Jungs, Fußball ist Teamsport! Nur als Team könnt ihr funktionieren! Wenn jemand einen schlechten Tag hat – egal wer – müssen die anderen von euch den Schwachpunkt erkennen und ausgleichen.

Mal abgesehen davon, dass jeder von euch Stärken und Schwächen hat. Sobald ihr einen von euch als Sündenbock herausstellt, ist euer Teamgeist dahin und ihr könnt nur noch verlieren. Und ja: Die gegnerische Mannschaft war stark.

Aber ihr seid es auch! Mit ein paar Tricks und jeder Menge Teamgeist könnt ihr selbst den stärksten Gegner besiegen. Doch das geht nur, wenn ihr euch vertraut, eure Stärken nutzt und gegenseitig eure Schwächen ausgleicht.

Und klar, die Niederlage tut weh, aber wir haben gemeinsam und als Team verloren.“

Zum ersten Mal seit dem Abpfiff hob Luca seinen Blick. Niemand wagte mehr, auch nur einen Spruch zu machen. Fabian hatte das Talent, genau im richtigen Moment die richtigen Worte zu sagen.

Leise murmelnd und deutlich weniger aufgebracht setzte sich die Jungs-Gruppe nach der Ansprache ihres Trainers in Bewegung in Richtung Umkleidekabine. Jeder im Team bewunderte Fabian. Seine Worte hatten immer eine Wirkung. Obwohl Fabian die Jungs-Mannschaft erst seit zwei Monaten trainierte, kannte er seine Spieler bereits sehr gut.

Natürlich wollte auch er, dass sein Team bei den Spielen gewann, doch noch wichtiger war für ihn der Zusammenhalt der Mannschaft. Für ihn war weniger das verlorene Spiel eine Niederlage, sondern eher das Verhalten der Jungs untereinander.

Als sich die Jungs auf den Weg in die Umkleidekabine machten, rief er Luca noch einmal zurück. Luca überlegte: Ob ihn jetzt doch noch eine Ermahnung erwartete?

Andererseits kannte er Fabian nun auch schon ganz gut. Böse Worte kamen ihm eigentlich nie über die Lippen. Er war wirklich ein toller Trainer.

„Wenn ich nur auch ein so guter Stürmer sein könnte wie Fabian als Trainer ist", dachte Luca traurig.

„Heute war nicht so dein Tag, was?", fragte Fabian Luca, als die beiden schließlich allein waren.

„Tut mir leid. Ich weiß auch nicht, was los war. Ich hab es einfach nicht geschafft, alle Spieler der anderen Mannschaft im Blick zu haben.

Und so konnte dann immer jemand kommen und mir den Ball abnehmen. Vielleicht bin ich einfach nicht gut genug", überlegte Luca zerknirscht.

„Du kannst das bestimmt nicht verstehen, du bist ja wahrscheinlich super darin. Dir könnte sowas bestimmt nicht passieren", fuhr er missmutig fort. Er war so in traurigen Gedanken und Bewunderung für seinen Trainer versunken, dass er regelrecht hochschrak, als dieser plötzlich zu lachen anfing.

„Soll ich dir mal etwas verraten, Luca?“, fragte Fabian grinsend. Ohne eine Antwort abzuwarten, gab er zu:

„Ich bin ein miserabler Fußballspieler. Ehrlich!“

Luca konnte es nicht fassen. Das konnte doch gar nicht sein! Schließlich kannte niemand die Regeln und Strategien so gut wie Fabian!

„Als ich in deinem Alter war, war ich auch Stürmer. Und ob du’s glaubst oder nicht: Ich hatte genau das gleiche Problem. Wenn man auf dem Spielfeld ist, den Ball im Auge behalten und zugleich versuchen muss, Tore zu schießen, ist es einfach unglaublich schwer, auch noch die gegnerischen Spieler im Blick zu behalten. Das ging mir ganz genauso. Damals war ich ziemlich traurig. Ich mochte Fußball gerne, aber war einfach nicht gut darin, Tore zu schießen. Es hat eine Weile gedauert, bis ich für mich verstanden habe, dass ich mich lieber außerhalb des Spielfelds mit Fußball beschäftige.

Als Trainer fällt es mir viel leichter, das alles im Blick zu haben, und die verschiedenen Spielweisen zu beobachten. Trainer zu sein macht mir richtig Spaß. Fußball spiele ich selbst seitdem nur noch zum Spaß ab und zu mit ein paar Freunden, wenn niemand zuguckt. Man muss ja nicht alles können. Und als Trainer bin ich doch ganz okay, oder?"

Er zwinkerte Luca zu.

„Du bist der beste Trainer, den ich je hatte!", antwortete der sofort. „Ich hätte gedacht, dass du ein richtig guter Fußballer bist!"

Luca konnte immer noch nicht richtig glauben, was Fabian gerade erzählt hatte.

„So kann man sich täuschen, was?", Fabian lachte. „Ich erzähle dir das, weil ich das Gefühl habe, dass Stürmer zu sein vielleicht nicht das ist, was dir am besten liegt. Was denkst du?"

Luca überlegte kurz. Noch immer schwirrten ihm die Anschuldigungen im Kopf herum, die die anderen Jungs ihm nach dem Spiel an den Kopf geworfen hatten. Vielleicht war Fußball einfach nicht sein Ding?

Doch dann dachte er daran, dass Fabian etwas entdeckt hatte, bei dem er seine Liebe zum Fußball ausleben und zugleich seine persönlichen Stärken nutzen konnte. Plötzlich kam ihm ein Gedanke:

„Vielleicht ... Also ich weiß nicht, das musst du entscheiden, aber ... Vielleicht könnte ich mal Torwart sein?“, schlug er vorsichtig vor.

„Das ist eine richtig gute Idee!“, rief Fabian begeistert aus.

„Ich glaube, das könnte genau das Richtige für dich sein. Dann kannst du dich ganz auf den Ball konzentrieren. Das probieren wir auf jeden Fall im nächsten Training aus!“

Und das taten sie. Im nächsten Training änderte sich ohnehin einiges: Luca wurde als Torwart eingesetzt und Siwon, der bisher im Tor gestanden hatte, als Stürmer. Mehrere Stunden lang machten sie Übungen, die dazu beitragen sollten, besser als Team zusammenzuwachsen.

Das neue Vorgehen zeigte Wirkung: Nach den Trainingsstunden hatten alle gute Laune und alberten miteinander rum.

Die Jungen hatten verstanden, dass jeder mit seinen ganz eigenen Stärken und Schwächen wichtig fürs Team war.

Fabian hatte also wieder bewiesen, dass er ein gutes Gespür dafür hatte, was sein Team brauchte: Er war einfach ein toller Trainer.

Und Luca? Luca entpuppte sich als unschlagbarer Torwart. Und so kam es, dass es beim nächsten Spiel Lucas Mannschaft war, die nach dem Abpfiff in stolze Siegesgesänge ausbrach.

# Nachwort

Jetzt hast du alle Geschichten gelesen – welche Schätze konntest du gemeinsam mit Lilo, Fynn und den anderen Kindern finden? Vielleicht hast du festgestellt, dass wirklich jeder Mensch mutig sein kann; dass es stark ist, einen Fehler zuzugeben oder dass es wichtig ist, eigene Gefühle zuzulassen und zu zeigen?

Vielleicht hast du dich auch an Momente erinnert, in denen es dir selbst ganz ähnlich ging wie den Kindern in den Geschichten?

Oder vielleicht gab es den ein oder anderen Spruch, der dir besonders gefallen hat? Ich habe für jede Geschichte ein Zitat ausgesucht, das besonders gut zu ihr passt.

So kannst du schnell noch einmal nachlesen, was die Aussage der Geschichte war – und hast vielleicht ein, zwei neue Lieblingssprüche, die dir Mut machen?

Wenn dir besonders die schönen Bilder gefallen haben, habe ich gute Nachrichten für dich:

Über diesen QR-Code können alle Bilder heruntergeladen, ausgedruckt und von dir selbst ausgemalt werden! So kannst du deine Lieblingsbilder ganz nach deinen Vorstellungen in eigenen Farben erstrahlen lassen.

Hier findest du außerdem den Link zum Ausdrucken deiner Malbilder, falls es mit dem QR-Code nicht klappen sollte:

http://bit.ly/2HIC4ko

Am Schluss noch eine kleine Bitte in eigener Sache: Wenn dir das Buch gefallen hat, würde ich mich sehr über deine Bewertung freuen!

So oder so: Ich hoffe, dass du deine Abenteuer mit einem Plaudertäschchen oder schimpfenden kleinen Koppfusslas und die Erlebnisse mit der erblindeten Lou oder der eben doch mutigen Lilo in guter Erinnerung behältst.

Und wenn du mal in dich hineinhörst, gibt es auch in dir noch ganz viele Schätze und Stärken zu entdecken! Ich wünsche dir viel Spaß dabei!

**Entdecke weitere Titel von Sophie Linde:**

# JUNGS!

EIN BESONDERES KINDERBUCH AB 6 JAHREN ÜBER SELBSTVERTRAUEN, ACHTSAMKEIT UND FREUNDSCHAFT

erhätlich auf Amazon ISBN: 9798567011911

Viel Freude!

Müssen Jungs denn immer mutig und stark sein? Ausdrücke wie „Ein Indianer kennt keinen Schmerz“ oder „Steh deinen Mann“ kennen wir alle. Aber erfordert es nicht eigentlich viel mehr Stärke, sich die eigene Schwäche einzugestehen? Angst zu haben, zu weinen, traurig oder unsicher zu sein, ist ganz und gar nicht „unmännlich“, im Gegenteil!

In diesem besonderen Kinderbuch warten 10 unterschiedliche Jungen darauf, dass du mit ihnen in ihre Welt eintauchst und gemeinsam mit ihnen Qualitäten wie innere Stärke, Mut und Einzigartigkeit entdeckst.

So unterschiedlich diese Jungs auch sind, sie alle haben eines gemeinsam: Sie sind gut, so wie sie sind. Sie sind einzigartig! Genauso wie auch du etwas ganz Besonderes und einzigartig bist. Und das ist auch gut so!

**Buchempfehlung Mädchen stärken:** Falls du Interesse an stärkenden Geschichten für Mädchen hast, kann ich dir ein wunderschönes Buch von einer befreundeten Autorin, Coco Funke, empfehlen. Es heißt: „Mädchen sind großartig". Hier findest du zauberhafte kleine Geschichten für Mädchen von 6 -10 Jahren. Als kleines Geschenk gibt es in dem Buch Tiermandalas und wunderschöne illustrierte Sprüche zum Ausdrucken. Ein Geschenk, das von Liebe spricht. Du findest es auf Amazon unter folgendem Link:

https://amzn.to/3e371fb

Titel: Mädchen sind großartig

Autorin: Coco Funke

ISBN-13 : 979-8692160287